Gemeinwohl in schwerer See

KLAUS H. TACKE

Gemeinwohl in schwerer See

Kompaktausgabe

Im Wirkungsfeld der folgenschweren Triade
Machtgier – Habgier – Korruption

Bibliografische Information der Deutschen Nationalbibliothek:
Die Deutsche Nationalbibliothek verzeichnet diese Publikation
in der Deutschen Nationalbibliografie; detaillierte bibliografische Daten
sind im Internet über http://dnb.dnb.de abrufbar.

© 2017 Dr. Klaus H. Tacke
Satz, Umschlaggestaltung, Herstellung und Verlag:
BoD – Books on Demand

ISBN: 978-3-7448-8751-9

Inhalt

Demokratische Reformpläne müssen in der Gegenwart anfangen. Diese wird zurzeit beherrscht von relativ wenigen Leuten, die alle öffentlichen und privaten Organisationen und Institutionen zu einem Vehikel für ihre eigene Befriedigung gemacht haben. »Man« braucht uns, den verfassungsgemäßen Souverän, schon nicht mehr. Unter »man« sind alle Bewegungen und Individuen zusammengefasst, die das allgemeine Interesse verletzen zugunsten eines speziellen Vorteils. Das wiederum erfüllt den Tatbestand der Korruption (Lasswell).

Nur wir selbst als Gemeinschaft können versuchen, die Situation wieder zu unseren Gunsten zu gestalten.

Dazu will diese Schrift einen Beitrag leisten.

Teil I:
Wir Menschen und unsere Gesellschaft

01) Der steinige Weg bis zur Gegenwart

Unsere Menschheitsgeschichte zeigt, dass wir anfangs durchaus nicht darauf programmiert waren, unter Gleichberechtigten in größeren Gemeinschaften zu leben. Basis unserer geschichtlichen Entwicklung war das genetische Vertrauen in die Familie und das absolute Misstrauen gegenüber Dritten.

Noch im Mittelalter galten Regel und Ritterlichkeit nur zwischen Standesgenossen, die ihre Untergebenen als rechtloses Eigentum betrachten konnten.

Die Errichtung des Rechtsstaates mit Legislative, Exekutive und Judikative zählt ohne Zweifel zu den großen menschlichen Leistungen. Wesentlich für Stabilität ist jedoch das unbedingte Gleichgewicht der Institutionen (Angenendt, 40).

In diesem rechtsstaatlichen Umfeld sucht das Individuum seinen Platz und seine Stellung, geleitet von dem Wunsch nach eigener Befriedigung.

Es bleibt nach wie vor das Problem, ob wir es schaffen, in einem fairen Entwicklungsprozess Gemeinwohl und Individualinteressen miteinander optimal in Einklang zu bringen.

Kooperation ist keine menschliche Grundeigenschaft. Sie nimmt erst Gestalt an, wenn eine weitere Komponente zutrifft, wie man sie z. B. in Dorfgemeinschaften oder Vereinen vorfindet, nämlich Identifikationswilligkeit, basierend auf Vertrauen. Man gehört gerne dazu und versucht, sich so zu verhalten wie die Gemeinschaft es gerne sieht.

Joachim Bauer, Psychiatrieprofessor aus Freiburg, stellt fest, dass es für uns Menschen ungemein wichtig ist, als Person von anderen Akzeptanz und Wertschätzung zu erfahren (Bauer, 84).

Wir können somit feststellen, dass der menschliche Selbsterhaltungstrieb durchaus anderen Werten zugänglich ist als nur dem persönlichen Vorteil. Es geht ihm vorrangig um Befriedigung, dabei kann die Quelle dieser Befriedigung so vielseitig sein wie der Mensch selbst (Losse, 34).

Darin liegt die gute Nachricht, dass menschliches Handeln, auf andere Menschen bezogen und zu ihrem Wohl, mit diesem Denken und Streben nach optimaler Befriedigung durchaus vereinbar ist.

Die schlechte Nachricht bleibt hingegen, dass jedes Individuum, in gleich welcher Funktion, durch die Grundveranlagung zu seiner Überlebenssicherung dazu neigt, seine Situation zu stabilisieren und zu verbessern – gegebenenfalls auch auf Kosten anderer.

Diese Basisveranlagung müssen wir bei der Ausgestaltung unserer Gemeinschaft berücksichtigen, um gemeinwohlschädliche Auswirkungen von Selbsterhaltungsaktivitäten zu verhindern oder zu erschweren.

Wer die generelle Unzufriedenheit unserer Gesellschaft
auf das Versagen der Marktwirtschaft zurückführt, ver-
wechselt Marktmechanismus und -steuerung. Seit Men-
schengedenken ist ein Markt der Platz, wo sich alle Menschen treffen, die etwas anzubieten haben, und alle diejenigen, die etwas suchen. Durch die Marktübersicht und
die Möglichkeit kontinuierlicher Anpassung an die Wün-
sche der Interessenten können beide Seiten den optimalen
Befriedigungsgrad erreichen. Für den Verkäufer bedeutet
das, dass ein Gewinn beim Verkauf seines Produktes die
Prämie darstellt, die ein Käufer bereit ist zu bezahlen, weil
er beim Kauf dieses Produktes die optimale Befriedigung
findet. Die Marktwirtschaft kann sehr vorteilhaft und
effizient arbeiten, wenn man ihren Funktionsmechanis-
mus respektiert. Fast alle gesellschaftlichen Institutionen
neigen jedoch dazu, den Mechanismus in ihrem Interesse
zu beeinflussen.

02) Der Begriff des Gemeinwohls

Der menschliche Entwicklungsprozess führte zu der
Erkenntnis, dass man als Gruppe im Überlebenskampf
wesentlich erfolgreicher sein kann als im Alleingang. Es
lag also im eigenen Interesse, Zeit und Energie quasi als
Opfer in eine Gemeinschaft einzubringen, weil es im
Ergebnis zu einer höheren Befriedigung führte, als wenn
jeder Einzelne die gleiche Menge von Zeit und Energie
für sich selbst eingesetzt hätte.

Für ein Individuum ist die Bilanz des Gemeinschaftsengagements dann positiv, wenn es im subjektiven Ergebnis mehr Befriedigungselemente von der Gemeinschaft zurückerhält, als es selbst *geopfert* hat. Für jedes Mitglied der Gemeinschaft fällt die Gemeinschaftsbilanz aufgrund der individuellen, subjektiven Bewertungsmaßstäbe von Opfer und Leistung unterschiedlich aus. Insofern bleibt es schwierig, die Summe der individuellen Bewertungen zufriedenstellend in Zahlen zu fassen. Der Zufriedenheitsgrad der Gemeinschaftsmitglieder mit ihrer Verwaltung kann ein Indikator sein, der den Stand des Gemeinwohls andeutet.

Für die nachfolgenden Ausführungen soll folgende Definition für den Begriff Gemeinwohl zugrunde gelegt werden:

Gemeinwohl ist die subjektive Bewertung dessen, was wir von der Gemeinschaft materiell und immateriell zurückbekommen im Verhältnis zu dem Einsatz, den wir durch Hingabe von Geld (Steuern und Abgaben) und Energie geleistet haben.

Eine demokratische Verwaltungsform versucht, das Optimum in der Gesamtzufriedenheit der Gemeinschaft anzustreben. Das war der Kompromiss, den wir gemeinsam akzeptiert haben. Nur so konnte Gemeinwohl und Eigenwohl zu einer akzeptablen Balance gebracht werden. Es bleibt aber der Urtrieb des Individuums, bei jeder sich bietenden Möglichkeit zu prüfen, ob man aus ihr nicht noch mehr für sich herausholen kann als das, was mit der Gemeinschaft vereinbart und von ihr akzeptiert ist.

Während Korruption mittlerweile nach langem Zögern der Politik in einigen Tatbeständen einen Straftatbestand darstellt, sind die legalen Handlungsweisen von Politikern zum Zweck ihrer Wiederwahl oft als gemeinwohlschädlich anzusehen. Sie selbst wollen das nicht als korruptes Handeln ansehen. Die Tatsache jedoch, dass sie für sich Vorteile erwarten, wenn sie Gruppeninteressen nachgeben zu Lasten des Gemeinwohls, ist ein typisches Merkmal korrupten Verhaltens.

Einen großen Anteil an einer Gemeinwohlbeeinträchtigung verursachen die unzähligen Lobbygruppen, die in ihrer eigentlichen Funktion als Interessenvertreter unseren Volksvertretern ihre Ansicht zu bestimmten Maßnahmen vorstellen sollen. Die Praxis zeigt jedoch, dass in zunehmendem Maße diese Funktion dazu benutzt wird, einen von uns Bürgern nicht gewünschten Einfluss auf die Entscheidungen der Politiker zu nehmen. Im Folgenden soll, basierend auf der Formulierung von Harold D. Lasswell (Wiki), der Begriff der Korruption wie folgt benutzt werden:

Korruption ist ein destruktiver Akt der Verletzung des allgemeinen Interesses zu Gunsten eines speziellen Vorteils.

Gemeinwohl ist nicht nur materiell zu sehen. Wesentliches Element für den Zusammenhalt ist die Entwicklung eines Gemeinschaftsgefühls. Die Tendenz großer Verwaltungen, immer neue Regulierungen und Vorschriften zu erfinden, steht dem entgegen. Das nimmt uns immer mehr Möglichkeiten positiver Kommunikation. Man spürt immer seltener das Begegnungsgefühl, welches wichtige Voraussetzung für die gegenseitige Bestätigung der Gemeinschaftszugehörigkeit und der gegenseitigen Hilfsbereitschaft darstellt.

03) Das Wirtschaftssystem als Basis unserer Existenz

Wichtigste Aufgabe jeder Gesellschaft muss die Sicherstellung der existentiellen Versorgung der Mitglieder sein – eine ökonomische Feststellung, die nur noch die Frage offenlässt, auf welche Weise das am besten erreicht werden kann.

Der Wirtschaftswissenschaftler Roland Baader weist auf die enorme wirtschaftliche Entwicklung der letzten beiden Jahrhunderte hin. Der Weg aus der Massenarmut war schon im Verlauf des 19. Jahrhunderts eine einzigartige Erfolgsgeschichte. *Was der Kapitalismus jedoch im 20. Jahrhundert an Wohlstand und Fortschritt erzeugt hat, ist ohne Beispiel in der gesamten Menschheitsgeschichte.* Wir leben viel länger, genießen HiTech-Medizin, haben unsere Produktivität um ein Vielfaches gesteigert und leben im Wohnbereich in einem technischen Luxus, der noch vor wenigen Jahrzehnten nicht verfügbar oder nur den oberen Zehntausend vorbehalten war (Baader, Geld, 74 f.).

Mit technischem Fortschritt allein kann dieser kontinuierliche Aufschwung nicht begründet werden. *Nichts belegt diese Tatsache eindrücklicher als die Ergebnisse der*

Spaltung der Deutschen (also von Menschen einer gemeinsamen Kultur) in zwei Hälften: in eine Marktwirtschaft im Westen und eine sozialistische Wirtschaft im Osten. Während Deutschland West zur bedeutendsten Automobilnation der Welt wurde, brachten fünfzig Jahre Ingenieurkunst in Deutschland Ost gerade mal den Trabi hervor (Baader, Geld, 76).

Die Soziale Marktwirtschaft ist sicher nicht perfekt. Aber sie hat sich in der Praxis als der optimale Kompromiss zwischen den beiden extremen Alternativen – Staatswirtschaft oder Laisser-faire-Kapitalismus – bewährt. Alle zentral geführten Staaten Osteuropas haben in der zweiten Hälfte des letzten Jahrhunderts anschaulich gemacht, dass eine öffentliche Verwaltung zu schwerfällig ist, um marktwirtschaftliche Elastizität ersetzen zu können (Potthoff, 305).

Wachstum ist ein ordnungspolitisches Konzept. Am Anfang steht die Freiheit, die jedem Mitglied der Gesellschaft eingeräumt wird, um sein Leben im Rahmen seiner Möglichkeiten so einzurichten, wie es ihm gefällt. Aus der Möglichkeit, etwas anders zu gestalten, entsteht eine Veränderungsdynamik, ein Strukturwandel, und damit Wachstum. Wachstum ist zwingende Folge der freiheitlichen Ordnung und getragen von individuellen Entscheidungen, etwas anders zu machen als bisher (Hüther, 19). Wer das als Wachstumsfetischismus bezeichnet, hat die Zusammenhänge zwischen der Freiheit der Individuen und den sich daraus ergebenden und möglichen Handlungsweisen nicht verstanden.

Für den Wirtschaftswissenschaftler und Nobelpreisträger James M. Buchanan erbringt der Staat als Verwalter der Gemeinschaft öffentliche Leistungen, die er den Bürgern zur Verfügung stellt, und erhält von ihnen im Tausch als Gegenleistung einen Preis in Form von Steuern. Buchanan unterstreicht die gegenseitige Abhängigkeit dieser Leistungen. Wenn der Bürger schon für eine Leistung bezahlt, sollte er auch eine zustimmungsfähige Leistung von der Gemeinschaft erhalten. Die Funktionsweise unserer heutigen politischen Entscheidungsmechanismen führt jedoch dazu, dass das Prinzip von Leistung und Gegenleistung nicht mehr gegeben ist. Für den Schüler von Buchanan, Lars Feld, liegt der Grund darin, dass der politische Prozess sich nicht mehr nur auf den Wahlakt reduziert, *sondern er umfasst die Interaktionen der an ihm beteiligten Akteursgruppen, neben den Wählern und Politikern die öffentliche Verwaltung, die Interessengruppen und die Judikative.* Jede am Entscheidungsprozess beteiligte Gruppe versucht, Argumente und Anreize zu finden, um bei einer sie selbst betreffenden Entscheidungsfindung berücksichtigt zu werden (Feld, 26).

Man muss sich von dem Gedanken trennen, dass Politiker am Gemeinwohl orientiert sind. Also muss die Gemeinschaft dafür sorgen, dass unerwünschte Politikergebnisse vermieden werden. *Es geht darum, Regeln zu entwerfen, welche eine Orientierung der Politik an den Bürgerinteressen sicherstellen. Dreh- und Angelpunkt ist darum die Verfassung einer Gesellschaft.* Sie wurde von den Bürgern verfasst zum Schutz ihrer Gemeinschaft. Niemand, weder Politiker noch Parteien, haben das Recht, die Verfassung zu ignorieren. Sie wurde deshalb im gemeinsamen Interesse aller Bürger unter permanente Beobachtung und Kontrolle einer unabhängigen Institution, dem Verfassungsgericht, gestellt. Dieser Institution obliegt ebenfalls die Kontrolle der verfassungsgemäß zu bewahrenden Gewaltenteilung.

Es muss uns bewusst werden, dass wir in den Abgeordneten einer Partei nicht unbedingt Volksvertreter vor uns haben, sondern typische Menschen, die ihrer Neigung nach optimaler eigener Befriedigung nach Möglichkeit den Vorrang geben.

Die nachfolgenden Ausführungen sollen helfen zu verstehen, dass in erster Linie unsere menschliche Veranlagung Ursache dafür ist, dass Handlungsweisen und Reaktionen aller Beteiligten uns weit von der Effizienz unseres Wirtschaftssystems entfernt haben. Die Suche nach einer Lösung für unsere Zukunft muss diese Erkenntnis berücksichtigen und vorbehaltlos alle Möglichkeiten prüfen, die uns aus diesem Dilemma herausführen und in der Lage sein können, für uns und die nachfolgenden Generationen ein stabileres Fundament zu schaffen.

Teil II:
Wir Menschen in diversen Funktionen

Es gilt aufzuzeigen, wie es dem einzelnen Menschen allein oder in Gruppen gelingt, im Rahmen seiner offiziellen Tätigkeit zusätzliche Vorteile für sich oder seine Gruppe zu realisieren. Erst wenn diese grobe »Mängelliste« bekannt ist, kann man gemeinsam überlegen, ob es überhaupt Möglichkeiten für eine Änderung der Zustände gibt, und wenn ja, wie man sich am wirkungsvollsten für Änderungen engagieren kann.

Die Beispiele werden drei Gruppen zugeordnet, die wesentlichen Anteil an der heutigen Situation unseres Gemeinwohls haben.

A) *Menschen in Verwaltung und Politik*
Sie werden zusammengefasst als *öffentliche Arbeitnehmer*. Sie sind im Gegensatz zu privaten Arbeitnehmern in nicht gewinnorientierten Institutionen tätig.

B) *Menschen als Unternehmer*
Unternehmer versuchen, ihr Schicksal selbst in die Hand zu nehmen. Wenn sie erfolgreich sind, benötigen sie Personal und schaffen produktive Arbeitsplätze. Arbeitsplätze als Konsequenz ihrer Tätigkeit sind eine wichtige Voraussetzung für das Funktionieren unseres Wirtschaftssystems.

C) *Menschen in Interessengemeinschaften*

In dieser Gruppe sollen beispielhaft die mit Interessengemeinschaften verbundenen Tätigkeiten und ihre negativen Auswirkungen auf die Situation unseres Gemeinwohls beleuchtet werden.

A. Menschen in Verwaltung und Politik

01) Die öffentliche Verwaltung

a) Die grundsätzlichen Eigenarten großer Verwaltungen

Mitarbeiter sind in der Regel austauschbar. Jeder muss deswegen vorbeugende Maßnahmen vorsehen, um ein Netzwerk zu basteln, welches ihn in seinem Existenzkampf unterstützt.

Ein Netzwerk beruht auf Gegenseitigkeit. Gegenseitigkeit bedeutet, dass jeder die Möglichkeiten, die ihm seine Aufgaben und seine Position geben, zum Wohl anderer Netzwerker einbringen kann. Die Beziehungsgeflechte beruhen auf gegenseitiger Hilfe, Abhängigkeit, Korruption, Erpressung und ggf. Nötigung. Man leistet oft selber vor, damit der andere *noch einen Gefallen* schuldig ist.

Eine weitere Strategie der Selbsterhaltung besteht darin, dass man sich mit viel notwendiger oder unnötiger Arbeit umgibt. Wer Überlastung vorgibt, hat *de facto* die

Chance, Hilfe zu bekommen und somit eine neue Hierarchiestufe unter sich anzubauen. Er schafft damit neue Arbeitsplätze. Da er sie aber nicht selbst bezahlen muss, stellt sich nicht die Frage, ob auch eine entsprechende Leistung erwirtschaftet wird.

Der englische Soziologe Cyril Northcote Parkinson hat die Verhaltensweisen von Mitarbeitern großer Verwaltungen intensiv untersucht, unter anderem mit folgendem Ergebnis
(1. Parkinson'sches Gesetz):
Arbeit dehnt sich in genau dem Maße aus, wie Zeit für ihre Erledigung zur Verfügung steht – und nicht in dem Maße, wie komplex sie tatsächlich ist. Daraus folgt, dass die Mitarbeiter großer Verwaltungen immer voll beschäftigt sind bis zum Rand des Zumutbaren (Gabler).

b) Zusätzliche spezifische Eigenarten öffentlicher Verwaltungen

Die gesamte öffentliche Verwaltung bis hinauf zum höchsten Chef verwaltet nur fremdes Geld – *OPM* (**O**ther **P**eople's **M**oney). So nennt es die internationale Finanzbranche, wenn sie zur Senkung des eigenen Risikos Fremdgeld einsetzt und haften lässt. Fremdgeld verführt also – und das ist bei öffentlichen Verwaltungen nicht anders als in der Finanzwelt – zu höherem Risiko und nachlässigerem Umgang mit dem Geld Dritter.

Die öffentliche Bürokratie nennt sich zwar noch scheinbar ehrerbietig *Staatsdiener*, aber de facto hat sie den Staat – also uns – zu ihren Dienern gemacht. Sie breitet ihre Tätigkeitsbereiche immer weiter aus und engt damit unseren Freiheitsspielraum mehr und mehr ein.

Gegen Tätigkeitskontrollen und Nachprüfungen hat man sich wohlweislich abgeschirmt, indem festgelegt wurde, dass bei uns alle Dokumente der öffentlichen Verwaltungen grundsätzlich als »geheim« eingestuft sind. Also kann man sich beruhigt zurücklegen.

Persönliche Konsequenzen bei Steuerverschwendung sind also so gut wie nicht zu befürchten, und damit ist die Ursache für chronisch defizitäre Haushalte, steigende Staatsschulden und eine erdrückende Belastung mit Steuern und Abgaben gegeben.

Lenins Feststellung, dass man nicht aufs Wort glauben, sondern aufs Strengste prüfen müsse (*Dowjerai, no prowjerai* – Vertraue, aber prüfe nach), ist eine wichtige Feststellung, die von der charakterlichen Schwäche der Mitglieder einer Gesellschaft ausgeht und durch Kontrolle die dadurch entstehenden Nachteile für die Gesellschaft nach Möglichkeit verhindern will.

Laut langjährigen Schätzungen des Bundes der Steuerzahler beläuft sich die Summe der kleinen und großen Fehlentscheidungen öffentlicher Verwaltungen auf rund 30 Milliarden Euro jährlich.

02) Politiker – die Repräsentanten des Volkes

Es ist grundsätzlich anzunehmen, dass bei einem großen Teil unserer Politiker die Berufung zum Volksvertreter eine von Verantwortungsethik im Sinne von Max Weber geprägte Motivation war.

Schon zu Beginn der Politikkarriere wird der *Neue* aber zwei Erfahrungen machen, die ihn ziemlich brutal ernüchtern. Die Partei arbeitet mit anderen Spielregeln. Sie ist nicht das Sprachrohr der Volksvertreter, sondern erwartet von ihm, sein Gewissen zu beruhigen im Sinne der Parteipolitik. Die zweite Erfahrung ist das Desinteresse der Wähler. Wenn sie dennoch zur Wahl gehen, basieren ihre Entscheidungen meist auf den Ereignissen der letzten Wochen vor der Wahl. Da man ihr Interesse an der Politik nicht durch intensivere Informationspolitik steigern will, sind sie nicht imstande, mittel- und langfristige Programme zu würdigen.

a) Eigene Macht gegen Volkes Macht

In einer *repräsentativen Demokratie* überträgt das Volk, also der Souverän, die Macht an die Volksvertreter.

Weit mehr als die Hälfte aller Volksvertreter wird über die sicheren Wahlkreise oder über einen Listenplatz ihrer Partei aufgestellt. Sie sind damit nicht mehr vom Wähler, sondern in erster Linie von ihrer Partei abhängig. Sie sind Angestellte ihrer Partei und bleiben es in der Regel, solange sie den Willen ihrer Partei erfüllen. *»Damit ist* *die ganze Konzeption von der repräsentativen Demokratie ohne Fundament«* (Miegel, 346 ff.). In einer Demokratie ist der Volksvertreter, der nur seinem Gewissen verpflichtet ist, die wichtigste Institution! Die Partei hat sich der Souveränität der Volksvertreter unterzuordnen und ihr Programm, basierend auf den gewissensgeprüften Vorstellungen ihrer Delegierten, zu formulieren, nicht umgekehrt – auch wenn dadurch das Regieren schwieriger wird. So sieht es das Grundgesetz vor. Von einer Vereinnahmung der Volksvertreter durch eine Partei ist im Grundgesetz nichts zu lesen.

Im Freistaat Bayern zeigt die CSU als die führende Partei, dass es durchaus möglich ist, dem Volk und dem Willen des Volkes mehr Respekt entgegenzubringen. Sie erringt im Land fast alle Direktmandate, weil ihre Politiker vor Ort im eigenen Interesse das Vertrauen der Wähler nicht enttäuschen, was dem Gemeinwohl deutlich entgegenkommt.

Als Resultat liegt die Arbeitslosenquote bei 3 %, die Angleichung der Lebensverhältnisse zwischen den Regionen wird von Jahr zu Jahr besser, das Wachstum zwischen 2000 und 2016 wuchs durchschnittlich um knapp 2 % pro Jahr, die jährlichen Haushalte werden ohne Nettoverschuldung geführt mit dem Ziel, den Freistaat bis 2030 völlig schuldenfrei zu machen. Das ist es, was eine Gemeinschaft von einer von ihr erwählten Vertretung ihrer Interessen erwartet (Etzold, Kamp, 2017, 30).

Es ist in erster Linie die kleine Gruppe der Berufspolitiker, die mit fortschreitender Professionalisierung der Politik das Sagen hat und die als *politische Klasse* durch ihre eigenen Interessen und Motive die Struktur der politischen Willensbildung prägt. Bei den Berufspolitikern geht es um Macht, Status, Posten und Geld. Sie werden getrieben von zwei Motiven. Es ist zum einen der unbedingte Wille, Mehrheiten zu gewinnen, um die Macht zu haben, politisch gestaltend zu wirken. In dieser Hinsicht konkurrieren sie mit der Opposition. Das zweite Motiv ist, von der Politik gut und bequem leben zu können. Und in diesem Punkt sind sie sich mit der Opposition völlig einig (Arnim, Deutschlandakte, 26).

Um die Macht auszudehnen und zu stabilisieren, werden die Verbindungen zu anderen Institutionen und Organisationen gesucht und geknüpft. *Die Akteure greifen systemwidrig auf andere Bereiche über: Politiker auf Verwaltung, Justiz, Medien und Wirtschaft; Manager, Verbandsfunktionäre und Medien auf Politik und Verwaltung. Dadurch stärken die einzelnen Akteure zwar ihre Position, beeinträchtigen aber erst recht das Funktionieren von Staat und Gesellschaft* (Arnim, Deutschlandakte, 343).

Gleichermaßen versteht sich fast von selbst, dass auch versucht wird, die diversen Kontrollinstanzen politisch zu infiltrieren. *Macht dehnt sich eben aus, bis sie an wirksame Grenzen stößt, und diese werden immer weiter hinausgeschoben und auch immer durchlässiger, weil die Parteien sich die grenzziehenden Instanzen einzuverleiben suchen.*

Damit werden diejenigen Institutionen und Bereiche kolonisiert, die die Politik eigentlich überwachen sollten (Arnim, Deutschlandakte, 93). Wenn die Richter am Bundesverfassungsgericht – wie seit langem üblich – zwischen den politischen Parteien »verhandelt und vereinbart« werden, erklärt das unter anderem, warum das Bundesverfassungsgericht so wenig gegen die verfassungswidrige Ämterpatronage unternimmt.

Die Triade aus Machtgier, Habgier und Korruption bestimmt und beeinflusst alle Entscheidungen, die ursprünglich zum Wohle unserer Gemeinschaft führen sollten.

In den 60er-Jahren des vergangenen Jahrhunderts kam es zur ersten großen Nachkriegsrezession mit der allseits geäußerten Vermutung, dass die Selbstregulierung der Märkte in derartigen Phasen einen eingreifenden Staat benötigt. 1967 wurde deshalb einstimmig – basierend auf dem Konzept des britischen Ökonomen John Maynard Keynes – das *Gesetz zur Förderung der Stabilität und des Wachstums in der Wirtschaft* beschlossen und das erste sogenannte Konjunkturprogramm auf den Weg gebracht. In guten Zeiten sollte der Staat Geld zurücklegen, um in schwierigen Zeiten die Wirtschaft mit dem Programm unterstützen zu können. Gegebenenfalls könnte auch Kredit aufgenommen werden unter der Bedingung, dass dieser im nachfolgenden Konjunkturaufschwung umgehend zurückgezahlt wird.

Konjunkturprogramme wurden gemacht, aber die entsprechenden Kredite nie zurückgezahlt. Seit der Zeit

wurde generell das Grundprinzip der Einnahmedeckung
der Ausgaben ad acta gelegt. Fürderhin wurden leicht-
sinnig massiv ansteigende Ausgaben über zusätzliche
Kredite finanziert. Mit der Finanzdisziplin war es seit
dieser Zeit endgültig zu Ende.

b) Eigenes Wohl gegen Volkes Wohl

Das vitale Interesse, von der Politik leben zu können,
unterscheidet sich dadurch vom Machtinteresse, *dass
nicht nur die regierende Seite es befriedigen kann, sondern
gleichzeitig alle Berufspolitiker, auch die der parlamentarischen Opposition. Das Versorgungsinteresse ist also – frak-
tionsübergreifend – allen hauptberuflichen Politikern gemeinsam.*

Außer einigen gravierenden finanziellen Entscheidungen zugunsten aller Abgeordneten während der
ersten Großen Koalition des Bundes (1966–1969)
startete in dieser Zeit die starke Ausweitung parteipo-
litischer Ämterpatronage auf jeden möglichen Bereich
zwecks Kontrolle, Einfluss und Versorgung verdienter
Parteimitglieder. *»Ämterpatronage ist zwar rechts- und
verfassungswidrig, aber gerade gemeinsames illegales Tun
der etablierten Parteien schweißt zusammen* (Arnim,
Volksparteien, 26).

Berufspolitiker sind ganz besonders wichtige Personen
für Lobbyisten in der ganzen Welt. Wenn sich Politiker in den Dienst einer Lobbygruppe stellen, können

sie damit ihre beruflichen Zukunftsaussichten erheblich verbessern.

Solange weder die Politiker noch die öffentliche Verwaltung noch die Verbände unserer Gemeinschaft den zu erwartenden Respekt entgegenbringen, sondern die Ausbeutung der Gemeinschaft zum Prinzip der Cleverness erheben, wird sich die negative Einstellung der Bürger zu diesen Institutionen nicht ändern. Das Gemeinwohl mag den Politikern am Herzen liegen, wie sie sagen, den Weg zum Kopf schafft es aber nicht.

Die Freiheit, für sich selbst sorgen zu können, und die Fähigkeit, das vor uns Bürgern verstecken zu können, führt zu erheblichen Auswüchsen, die mit dem Grundgesetz der Bundesrepublik Deutschland vom 23.05.1949 für Abgeordnete des Bundestages nicht zu vereinbaren sind. Die vorgesehene »Entschädigung« lautet dort wie folgt (Art. 48.3 GG): *Die Abgeordneten haben Anspruch auf eine angemessene, ihre Unabhängigkeit sichernde Entschädigung* – also auf Kostenerstattung und Ausgleich des individuellen Einkommensverlustes, wie der Verfassungsrechtler Hans Herbert von Arnim feststellt.

Als vor einiger Zeit die Rente mit 67 diskutiert wurde, haben die Parteien für sich geregelt, dass Abgeordnete nach 8 Jahren Zugehörigkeit zum Parlament jedes weitere Jahr (bis längstens zum 18. Jahr) ein Jahr früher in Pension gehen können. Nach 18 Jahren im Parlament geht man also ohne Abschläge 10 Jahre früher in den Ruhestand als der Durchschnittsbürger (Metzger, 12).

Da die Pensionen eines Politikers sowieso von uns bezahlt werden, möchte er also für unsere Leistung schon fast ein Jahrzehnt früher keine erwartete Gegenleistung mehr erbringen und nicht mehr für uns da sein mit seinem Wissen und seiner Arbeitskraft. Und überdies hat die politische Klasse der Volksvertreter dafür gesorgt, dass ihre Pensionen um ein Vielfaches höher und sicherer sind als die Renten derjenigen, deren Interessen sie verpflichtet sind zu vertreten.

c) Macht macht blind und unvorsichtig

Zurzeit gibt es nicht die leiseste Hoffnung, dass die Regierungen zu Haushaltsdisziplin und optimalem Einsatz der verfügbaren Einnahmen zurückkehren.

Dort, wo sie guten Willen zu zeigen vorgeben, bauen sie entsprechende Seitentüren ein, um nicht ausgebremst zu werden. So dient die im Grundgesetz festgeschriebene Schuldenbremse lediglich für das Budgetdefizit, nicht für die Staatsschulden. Das Gleiche gilt für das von der EU vereinbarte 3-%-Limit für nationale Budgetdefizite. Die Schulden erscheinen einfach nicht im Budget und fertig. So ist es z. B. bei der Umlagefinanzierung der Energiepolitik, beim Verstecken der Hunderte von Milliarden Verluste der Banken in Bad Banks, bei den Risiken für die Griechenland-Haftung und den Haftungsrisiken, die der Luxemburger Rettungsfonds täglich vergrößert.

Ebenfalls im Budget nicht enthalten sind die gesetzlichen Zahlungsverpflichtungen für die Pensionen des Beamtenheeres, die von der Politik seit über 50 Jahren regelmäßig eingezahlt werden mussten, aber nicht zurückgelegt wurden. Mittlerweile betragen diese Zahlungsverpflichtungen mehr als 1 Billion Euro.

Der Finanzwissenschaftler Raffelhüschen, der regelmäßig die Generationenbilanz erstellt, zeigt auf, dass sich insgesamt bis jetzt eine *Nachhaltigkeitslücke* von 6,2 Billionen Euro aufgebaut hat (Raffelhüschen, 2016).

Die Wirtschaftswissenschaftler sind sich im Fall Griechenland überwiegend einig, dass es ökonomisch generell unsinnig ist, Wachstum zu fordern bei gleichzeitiger drakonischer Erpressung zum Kürzen der Ausgaben.

Hinter dieser politischen Fehlleistung unserer Regierung steckt eindeutig der starke Druck der Finanzmacht, die ihr in Griechenland engagiertes Geld nicht abschreiben will.

Nichts zeigt die Abhängigkeit unserer Demokratie von der Finanzmacht so deutlich wie die Reaktion auf die Absicht Papandreous, einen Volksentscheid herbeizuführen über die Vereinbarung mit der EU. Führende EU-Politiker hielten es für das *Gefasel eines unberechenbaren Kranken* (Schirrmacher, 2011). Frank Schirrmacher, Herausgeber der FAZ, ist empört, wie sich unsere Politiker mittlerweile von der Finanzmacht manipulieren lassen. Papandreou wollte das Volk in die Pflicht nehmen und zeigte damit Europa den richtigen Weg.

Der Fukushima-Unfall in Japan zeigt noch deutlicher, wohin es führt, wenn die politische Klasse bei ihren Entscheidungen das Parlament übergeht. Erinnern wir uns:

2002 wurde der Ausstieg aus der Atomkraft im Parlament beschlossen. Im Oktober 2010 wurde kurzfristig zur Senkung von Kosten und Risiko von der Regierung Merkel eine Laufzeitverlängerung durchgesetzt. Kurzfristig deshalb, damit die Partei der Grünen die Situation nicht mehr nutzen konnte bei einer im März 2011 anstehenden Landtagswahl. Als Fukushima am 11.03.2011 passierte, nahm die Kanzlerin 3 Tage später die gerade erst vom Parlament beschlossene Laufzeitverlängerung komplett zurück und verfügte am nächsten Tag die Schließung der 7 ältesten Kernkraftwerke. Kurz darauf erfuhren die Vertreter des Bundesverbandes der Deutschen Industrie (BDI) von dem damaligen Wirtschaftsminister Rainer Brüderle laut Protokoll, *dass angesichts der bevorstehenden Landtagswahlen Druck auf der Politik laste und die Entscheidungen daher nicht immer rational seien* (Bauchmüller, 2011). Am 27.03.2011 fand die Landtagswahl in Baden-Württemberg statt. Sie wurde von den Regierungsparteien trotzdem verloren. Aber wir als Bevölkerung müssen jetzt wesentlich höhere Kosten und Risiken tragen durch die Forcierung der Umstellung auf andere Energiearten.

Der damalige Bundesverfassungsgerichtspräsident Hans-Jürgen Pieper nannte die hektische Aktivität der Regierung *verfassungswidriges Vorgehen*, da das Parlament (die Legislative) durch die Regierung (die Exekutive) konterkariert wurde (Rehborn, 42).

Wenn es um Machterhalt geht, sind Parteien und Politiker bereit, alles auf eine Karte zu setzen. Alles? Das sind wir. Man setzt skrupellos uns und das Wohl unserer Gemeinschaft ins volle Risiko.

B. Menschen als Unternehmer

01) Unternehmer zu sein ist ein Versuch, kein Beruf

Unternehmer bewegen sich im Markt so wie wir alle. Sie haben oder entwickeln eine Idee und entscheiden sich zu gegebener Zeit für das Risiko, die Idee in die Tat umzusetzen, in der Hoffnung, am Markt Interessenten für das Produkt zu finden. Unternehmer zu werden hängt vornehmlich von der Bereitschaft zum Versuch ab.

Nicht jeder wird sich in der Lage fühlen, für sich selbst eine Tätigkeit zu entwickeln. Er wird versuchen, einen Arbeitsplatz zu finden entsprechend Neigung und Ausbildung. Je größer die Anzahl derer ist, die auf einen Arbeitsplatz angewiesen sind, umso mehr muss unser Staat für ein Umfeld sorgen, welches Unternehmenswilligen entgegenkommt. Je mehr Arbeitsplätze es gibt, umso besser ist die Situation für die Arbeitnehmer.

Die Gruppe der Unternehmer ist keine fest umschriebene Einheit. Durch entsprechende Tätigkeit kann jeder ihr beitreten und sie auch wieder – gewollt oder ungewollt – verlassen. Ein Unternehmer kann deshalb auch nicht sozial verantwortlich gemacht werden für die Schaffung von Arbeitsplätzen, deren Kosten für ihn ein Marktrisiko darstellen. Sind die Kosten zu hoch, fehlen die Käufer und der Arbeitsplatz wird eingestellt.

Patrick Adenauer, seinerzeit Präsident des Verbandes *Die Familienunternehmer (ASU),* bringt den wesentlichen Unterschied zwischen privaten und Fremdunternehmern auf den Punkt: *Risiko und Haftung darf man nicht trennen. Wo es geschieht, geht es zulasten der Sozialen Marktwirtschaft. Bei Familienunternehmern sind Handeln und Verantwortung notgedrungen eins. Der Unternehmer haftet in der Regel mit seinem eingesetzten Vermögen für jegliches unternehmerische Risiko* (Adenauer, 30). Das verbietet automatisch spekulative Risiken und zwingt ihn andererseits zu überlegen, was er verändern kann, um seine Erfolgschancen zu sichern. Unternehmer sind genauso wenig fehlerlos wie du und ich, aber sie werden für ihre Fehler schonungslos bestraft.

Fremde Unternehmensführer, also Manager, sind anders gelagert. Sie haften nicht, sind aber am positiven Geschäftsverlauf beteiligt. Aus der Sicht des Managers ist die Aufgabe klar. Wie schaffe ich es am besten, Gewinn und Umsatz zu steigern? Statt die Energie in die mühsame vorhandene Aufgabe zu stecken, wählen sie oft den wesentlich einfacheren Weg, durch Zukäufe und Fusionen schneller und sicherer zum Erfolg zu kommen, weil schlagartig das Volumen steigt. Ob es Sinn macht, ist aus ihrer persönlichen Sicht unwichtig, denn sie haften nicht für die Entscheidung. Die Wirtschaftsgeschichte ist voll von prominenten Beispielen dafür, dass die meisten derartigen Zusammenschlüsse nicht den erwarteten Synergieeffekt gebracht haben.

02) Unser System basiert auf Arbeitsplätzen für alle

In Zeiten höherer Arbeitslosigkeit gerät ein Unternehmer regelmäßig in die Kritik, aber fast immer unberechtigt. Er entscheidet sich zur Unternehmensgründung auf der Basis seiner eigenen persönlichen Vorstellung und Befriedigungsstruktur. Erst wenn er die Entscheidung getroffen hat, wird er bei erfolgreichem Start zum Arbeitgeber. Und wenn das Unternehmen gut läuft, rechnet er sich aus, ob sich zusätzliche Arbeitsplätze kostenmäßig lohnen. Es wäre vermessen anzunehmen, dass er ein Unternehmen gründet, nur um Arbeitsplätze zu schaffen. Schließlich muss er sie ja auch selbst bezahlen und das Geld dafür am Markt erwirtschaften. Die sozialistische These, dass nicht der Unternehmer, sondern die Arbeiter das Produkt herstellen, ist unbestritten. Richtig ist aber auch, dass der Unternehmer ihnen sagt, was sie wie machen sollen und dass er für diese Entscheidung die volle Verantwortung übernimmt.

Wir alle müssen uns der Tatsache bewusst werden, dass die Zukunft wesentlich härter wird, denn das digitale Zeitalter ermöglicht es vielen Ländern in zunehmendem Maße, im Schnellverfahren bildungsmäßig und wirtschaftlich zu den heute führenden Wirtschaftsnationen aufzuschließen. Auch der Kampf um Arbeitsplätze wird heftiger. Maschinen sind heute eher Belastung als Vorteil. Das zukünftige Produktionsmittel sitzt in jedem Kopf – weltweit. Das Wissen als Basis der Entwicklung ist international verfügbar. Das macht den Wettbewerb total und persönlich (Ridderstrale, 66).

Im Gegensatz zu den öffentlichen Arbeitsplätzen belasten die privaten Arbeitsplätze die Gemeinschaft nicht. Im Gegenteil, sie tragen mit dazu bei, das Aufkommen an Steuern und Abgaben zu erhöhen. Für jedes Gemeinwesen ist es somit sinnvoll, möglichst wenige öffentliche, aber möglichst viele private Arbeitsplätze verwalten zu können.

An der unternehmerischen Tätigkeit selbst sind wir als Gemeinschaft weniger interessiert als an den Arbeitsplätzen, weil wir diese dringend brauchen. Sie sind bis heute das Zentrum unseres Gesellschaftssystems. Was der Unternehmer unternehmen will, ist seine Sache und sein Risiko. Ob er viel oder wenig Geld verdient, ist sein Glück oder sein Pech. Wenn es jedoch um Arbeitsplätze geht, sind es zwar seine Kosten, aber unser Vorteil.

Die Statistik belegt, dass es immer weniger Personen gibt, die diese Risiken auf sich nehmen wollen. Und das ist die Crux in allen Gesellschaften, in welcher der Arbeitsplatz Grundpfeiler der gesellschaftlichen Ordnung und Konzeption ist. Wenn es uns nicht mehr gelingt, diese Voraussetzung für alle zu erfüllen, muss das Konzept neu überdacht werden.

03) Löhne und Markt – Ein problematischer Spagat

Erst nach dem Zweiten Weltkrieg wurde mit der Errichtung der Sozialen Marktwirtschaft die Möglichkeit zur Gründung von Monopolen und Kartellen unterbunden und ersetzt durch das Prinzip der freien Konkurrenz.

Durch die Soziale Marktwirtschaft bekamen die Verbraucher günstige Preise wie nie zuvor, und gleichzeitig wurden risikolose Monopolgewinne abgeschafft.

Wenn jedoch alle Unternehmer kostenmäßig – zum Beispiel durch eine flächendeckende Lohnerhöhung – in der gleichen wirtschaftlichen Situation stehen, wird das Produkt teurer. Wenn der Markt das teurere Produkt benötigt, wird es weiterhin gekauft. Ist es ersetzbar, wird der höhere Preis nicht akzeptiert, und nur derjenige Unternehmer hat eine Überlebenschance, dem es gelingt, das Produkt zu verbessern oder Kosten an anderer Stelle zu senken.

Generell sind nationale Flächentarife und Mindestlöhne Eingriffe, die die individuelle Situation eines Unternehmens zu wenig berücksichtigen können. Der Trend zur individuellen Gestaltung der Arbeitsplätze und Arbeitsverhältnisse wird zwangsläufig die Gewerkschaften dazu bringen, sich mit der Arbeitgeberseite eher auf betrieblicher Basis zu vereinbaren, um optimale Gegebenheiten sowohl für die betroffenen Arbeitnehmer als auch für die Stabilität des Betriebes zu erreichen.

C. Menschen in Interessengemeinschaften

Eine weitere für das Gemeinwohl problematische Gruppe sind die Funktionäre der diversen Interessengruppierungen. Das Risiko für uns als Gemeinschaft liegt auf der Hand. Ein Funktionär ist nicht dem Gemeinwohl verpflichtet, sondern in erster Linie der von ihm geführten Interessengruppe.

01) Die Gewerkschaften

Gewerkschaften sind die Interessenvertreter der abhängig Beschäftigten.

Trotz der sinkenden Zahl an Mitgliedern waren sie in der Politik immer überproportional vertreten. Dieses politische Übergewicht hat manche Vereinbarungen möglich gemacht, die zu einem unelastischen Arbeitsmarkt geführt haben. Beispielsweise musste der Langzeit-Kündigungsschutz 50+ annulliert werden, der schon Mittvierzigern Bewerbungsprobleme verschaffte und sich zudem als soziale Ungerechtigkeit gegenüber den jüngeren Jahrgängen der Arbeitnehmer herausstellte.

Ebenfalls wurde seitens der Gewerkschaften mit der problematischen Argumentation der sozialen Gerechtigkeit das System flächendeckender Tarifpolitik durchgesetzt. Der sozialen Gerechtigkeit steht hier entgegen, dass es in jedem flächendeckenden Tarifbereich starke und schwache Unternehmen gibt. Eine Tarifverhandlung führt in der Regel zu einem Kompromiss, bei dem die starken

Betriebe weniger erhöhen müssen, als sie hätten erhöhen können. Die schwachen Betriebe, die die Erhöhung nicht mehr tragen können, haben die Wahl zwischen Kostenreduzierung durch Arbeitsplatzabbau, Betriebsverlegung oder Schließung des ganzen Betriebes. Bei nahezu jeder Lohnerhöhung werden die zu schwachen Betriebe ausgesondert. Da es seit langen Jahren schon nicht mehr genügend Arbeitsplätze gibt, bedeutet das für viele der entlassenen Arbeitnehmer Arbeitslosigkeit.

Diesen »Kollateralschaden« für die Gesellschaft nimmt die Gewerkschaft in Kauf. Sie hat sich bei dem Thema Arbeitslosigkeit aus der Verantwortung herausgenommen und uns als Gemeinschaft damit belastet. Der Staat soll durch schuldenfinanzierte Konjunkturprogramme zu erhöhter Beschäftigung beitragen und auf diese Weise den durch die Tarifpolitik verursachten Stellenabbau kompensieren.

Es gibt zwischen den Gewerkschaften und den von ihnen vertretenen Arbeitnehmern einen gravierenden Interessenkonflikt. Die Arbeitnehmer wünschen sich erwiesenermaßen in erster Linie sichere Arbeitsplätze als Basis für die Freiheit der eigenen Lebensgestaltung. Erst danach folgt der Wunsch nach höheren Löhnen. Den Gewerkschaftsfunktionären ist der flächendeckende und werbewirksame Effekt einer erfolgreichen Lohnverhandlung oder verbesserter Arbeitsbedingungen wichtiger.

Der Interessenkonflikt führte dazu, dass zunehmend Betriebe aus dem Tarifverbund ausscherten und mit dem eigenen Betriebsrat die Tarife für den Betrieb vereinbarten. In den Betrieben selbst weiß jeder Bescheid über die Marktsituation seines Unternehmens. Eine betriebliche Tarifverhandlung wird das bei den Verhandlungsargumenten entsprechend berücksichtigen.

Der sich anbahnende Sinneswandel der Gewerkschaften hin zu den einzelnen Betrieben lässt hoffen, dass dieser Schritt zu einer größeren Berücksichtigung der Interessen aller Beteiligten führt. Das wiederum wäre aus der Sicht des Arbeitsmarkts sehr zu begrüßen.

Die Theorie von Keynes, dass Arbeitslosigkeit durch zu geringe Nachfrage am Gütermarkt entstehe, konnte von dem amerikanischen Ökonomen und Nobelpreisträger Milton Friedman in seinem Buch *A Theory of the Consumption Function* (1957) widerlegt und durch empirische Fakten untermauert werden. Seine Erkenntnisse machen schuldenfinanzierte staatliche Nachfragestimulation weitgehend sinnlos (Fischer, 50 ff.). Nicht nur Friedman widerlegte Keynes, sondern die Politiker selbst dokumentieren jederzeit, dass die von Keynes zur Voraussetzung gemachte Ansparung oder Rückzahlung der für ein Konjunkturprogramm eingesetzten Mittel von ihnen von Anfang an nicht in Erwägung gezogen wurde.

In den letzten Jahren haben die Gewerkschaften ein neues Konzept entwickelt, welches der Tatsache Rechnung trägt, dass immer mehr Firmen aus dem Tarifverbund ausscheren, um betriebsindividuell zu verhandeln (Losse, 2009). Demzufolge wird die lange Zeit verpönte

Beteiligung der Arbeitnehmer am Betriebsvermögen nun aktiv unterstützt, um auf diese Weise in den Unternehmen stärker mitbestimmen zu können.

Die Gewerkschaften machen damit zum ersten Mal bewusst den Weg frei für flexiblere Lösungen und entfernen sich dabei von ihrem traditionellen Rollenverständnis.

02) Die Finanzbranche

Das klassische und traditionelle Bankengeschäft, so wie es uns im Alltag geläufig ist, ist das Zinsdifferenzgeschäft. Basierend auf den Einlagen ihrer Sparer kann die Bank Individuen und Unternehmen Kredite gewähren. Von den damit erwirtschafteten Zinsen deckt die Bank die Kosten und zahlt den Sparern ebenfalls einen Zins für die Einlagen.

Mittlerweile hat sich der Aktionsbereich der Banken ausgeweitet. Der enge Bezug zwischen Banken und Politik hat zu einem Geschäftsmodell geführt, das den Banken wesentlich größere Gewinnmöglichkeiten, aber auch größere Risiken beschert.

In der letzten Finanzkrise wurde deutlich, dass die von den Banken zusätzlich entwickelten Geschäftsmodelle zu unvorstellbar hohen Verlusten geführt haben, durch die der Staat sich auf Kosten der Steuerzahler zum Eingreifen verpflichtet sah. Die Bankenregulierungen sehen vor, dass die Bank künftig ihr Eigenkapital aus Haftungsgründen wesentlich erhöhen muss.

Das neue globale Regelwerk »Basel III« für Banken sollte erreichen, künftige Finanzkrisen der Banken zu verhindern. Im Ergebnis wurde festgelegt zwischen Banken und Politik, dass für Kredite an den Mittelstand die Bank horrende 75–100 % an Eigenkapital hinterlegen musste. Die Banken schafften es aber gleichzeitig, mit der Politik zu vereinbaren, dass für den Kauf von Staatsanleihen von OECD-Ländern die erforderliche Eigenkapitalquote bei null lag – da man vorgab bzw. unterstellte, dass derartige Staatsanleihen risikolos seien. Auf diese Weise konnten die Banken weiterhin unbegrenzte Mengen an Fremdkapital zum Kauf von Staatsanleihen einsetzen (Ohoven, 2011). Die Praxis hat gezeigt, dass die vorgegebene Risikolosigkeit von Staatsanleihen nicht gegeben ist. Die Banken konnten sich weiterhin mit unbegrenztem Fremdkapital engagieren, wohl wissend, dass eventuelle Gewinne bei ihnen verbleiben und anfallende Verluste im Zweifel von uns Steuerzahlern zu tragen sind.

Europas oberster Korruptionsbekämpfer, Wolfgang Hetzer, beschreibt in seinem Buch *Finanzmafia*, dass die Finanzwelt nach den gleichen Prinzipien von größtem Gewinn bei kleinstem Risiko unter Einsatz aller korrupten Hilfsmittel arbeitet. Als wichtigstes Handlungsmotiv hat Hetzer die Gier ausgemacht. *Es ist die Gier, die sie treibt, Gier und Selbstprivilegierung. Durch Selbstprivilegierung und erkauftes Wohlwollen entstand ein Milieu, in dem die erfolgreiche Teilnahme an Bereicherungsorgien alleiniges Ziel des Handelns ist* (Hetzer, 2011).

Das kann in keinem Fall so bleiben. Banken sind nicht aus sich selbst heraus existenznotwendig. Sie haben die Aufgabe, uns und unserer Wirtschaft die notwendigen Mittel zur Verfügung zu stellen, um sich angemessen entwickeln zu können. Wenn sie das nicht können oder nicht wollen, sollte das Bankenkonzept als solches völlig neu definiert werden.

03) Der Energiesektor

Energie ist für uns alle lebenswichtig, weil überlebensnotwendig. Die Stromversorgung wurde in Deutschland von vier Konzernen wahrgenommen, die mehr als 80 % des Marktes bedienten. Die Konzerne reduzierten auch den letzten Rest von Konkurrenz, indem sie den Markt unter sich aufteilten. Bei derart konkurrenzlosen Märkten ist es für am Ergebnis beteiligte Manager die sicherste Taktik, die Preise zu erhöhen. Kein Wunder, dass eine Studie aufdeckte, dass die Gewinne der Konzerne ungerechtfertigt hoch waren. *Die Rendite auf das eingesetzte Kapital liegt bei rund 25 %* (Schlandt, 2010). Bei uns Bürgern werden deswegen durch eine falsche Motivationsstruktur Milliardengelder durch unnötige Preiserhöhungen abgebucht. Es wäre sicherlich mehr im Sinne unserer Gemeinschaft, wenn in diesem Bereich Managerleistungen nach dem Preis-Leistungs-Verhältnis bewertet würden, welches sie im Vergleich zu den anderen drei Oligopolisten erreichen. Aber das interessiert niemanden von denen, die der machtgierorientierten Triade verbunden oder verpflichtet sind.

Schande über die Branche? Nein, eher Schande über diejenigen, die die Macht hätten, die Branche in die Schranken zu weisen, und die die Pflicht hätten, uns als Volk konstruktiv zu vertreten.

Fest steht: Das Treiben der Energiekonzerne ist gegen unsere Interessen gerichtet und muss deshalb vom Konzept her korrigiert werden.

Das neue Konzept ergab sich zwangsläufig nach Merkels unerwarteter Reaktion auf das Fukushima-Ereignis. Die Regierung formulierte die Aktionen elegant als Beginn der *Energiewende*. Die Entscheidung zur sofortigen Abschaltung der älteren Atomwerke bedingte kurzfristig Ersatzenergie, die man durch Reaktivierung der Kohlekraftwerke schuf. Selbige bedingen einen kontinuierlichen Arbeitsprozess, was aber mit der Einspeisepriorität der erneuerbaren Energien kollidierte. Das wiederum erschwerte und verteuerte die Rückkehr in das Dreckschleuder-Zeitalter. Wegen des vorzeitigen Wegfalls der Atomkraft mussten die erneuerbaren Energien intensiver aufgebaut werden. Das führte zu erheblicher Zunahme der Subventionen.

Um im Staatshaushalt eine enorme Zunahme der Schulden – und damit das Reißen der 3-%-Klausel – zu vermeiden, wurde schon sehr früh entschieden, sie gar nicht erst im Haushalt auftauchen zu lassen. Die Subventionskosten wurden einfach umgelegt auf den Strompreis der Verbraucher und mit der Stromrechnung abgebucht. Somit bezahlten vornehmlich diejenigen Haushalte, die sich keine erneuerbare Energie leisten konnten, den Schuldenberg – und werden das noch weitere 20 Jahre tun müssen.

Die Subventionen für Solaranlagen waren berechnet für deutsche Produktion. Im Jahr 2010 wurde den Solaranlagenkäufern eine Einspeisevergütung von 39 Cent je Kilowattstunde vergütet, während der Strom an der Börse zur gleichen Zeit bei 5 Cent pro Kilowattstunde lag. Berechnet auf die jeweilige 20-jährige Vergütungsgarantie ergab sich bis 2012 schon eine Subventionsverpflichtung von über 120 Milliarden Euro. Das gewichtige Argument zusätzlicher Arbeitsplätze erledigte sich von selbst, da mehr als zwei Drittel der Produktion aus Kostengründen nach Fernost verlagert wurden und dort indirekt mit unserem Geld für neue Arbeitsplätze sorgte.

Politiker haben sich an ihre Machtinstrumente gewöhnt. Sie benutzen ihre Macht, um mit unserem Geld Gefolgschaft zu belohnen und andere Gruppen gefügig zu machen (Kirchhof, 2010, 24). Dabei geraten die Interessen unserer Gemeinschaft ins Abseits. Niemanden in der Politik stört das. Aber uns selbst sollte es stören.

04) Das Gesundheitswesen

Der damalige Bundesfinanzminister Peer Steinbrück stellte fest, die Politik gebe Versuchen, Einzelinteressen zu Lasten des Gemeinwohls durchzusetzen, entschieden zu häufig nach. Allein um das Bundesgesundheitsministerium hätten sich 430 Lobbyverbände angesiedelt. Das bestätigt, dass bei Verwaltungen, die über sehr viel Fremdgeld (OPM) verfügen können, Lobbyisten am leichtesten zum Erfolg kommen können.

»Nie zuvor wurde im deutschen Gesundheitswesen so viel bestochen, gelogen und getäuscht. Das behindert Innovationen und verschlechtert die medizinische Versorgung (Kutter, 96 ff.). In diesem Artikel über das kranke Gesundheitssystem in Deutschland werden zahllose Fälle aufgeführt, die eindeutig erkennen lassen, wie marode das System ist und wie groß der Widerstand gegen alles ist, was die Position und die Einkommenssituation der Beteiligten schmälern könnte.

Greifen wir ein paar dieser Tatorte stichwortartig heraus, an denen das Ausmaß des gesellschaftsschädigenden und unfairen Verhaltens der Mitglieder des Gesundheitssektors deutlich wird.

Im Internet wird unter arztwiki.de (arztwiki 2010) eine lange Reihe von Abrechnungsbetrügereien aufgeführt, die die fantasievolle Vielfältigkeit der Betrugsmöglichkeiten aufzeigt.

Aus dem riesigen Topf des Gesundheitswesens hätten sich alle Beteiligten jahrzehntelang großzügig und nahezu unbehelligt *hemmungslos bereichert*, urteilt der Darmstädter Oberstaatsanwalt Andreas Kondziela, Fachmann durch zahlreiche Verfahren gegen dieses »moderne Massendelikt«. Er schätzt den jährlichen Schaden auf einen zweistelligen Milliardenbetrag (Elger, 32 ff.).

Die Beteiligten seien bei Ermittlungen nicht behilflich, oft könnten Verfahren erst durch Hinweise von *Whistleblowern* eingeleitet werden.

Pharmakonzerne tätigen 90 % ihres Umsatzes über Rezepte. Somit ist der Arzt für alle Pharmakonzerne die entscheidende Person (Kutter, 96 ff.).

Dina Michels, die mit ihrem Team für eine Krankenkasse Betrugsfällen im Medizinbetrieb nachgeht, wird in diesem Artikel zitiert. Ihr Buch *Weiße Kittel, dunkle Geschäfte* bestätigt, dass sich Verdachtsfälle in den meisten Fällen bewahrheitet hatten. Michels ergänzt, dass die meisten korrupten Ärzte von der Gier getrieben werden und zwecks Aufrechterhaltung der eigenen Einkommenssituation sogar dazu neigen, neue, billigere medizinische Verfahren zu boykottieren, wenn sie dadurch Einbußen hinnehmen müssten. Als Beispiel wurde ein bestimmter neuartiger Test angeführt, mit dem sich Prostatakrebs früh und sicher im Urin erkennen lässt. Das hätte den Patienten die schmerzhafte Tortur der Biopsien erspart, aber den Ärzten wesentlich weniger Einkommen beschert. Also haben sie das neue Verfahren so lange blockiert, bis der Entwickler aufgab (Kutter, 96 ff.).

a) Ärzte und ihre Kassenärztliche Vereinigung

Der Vorsitzende einer Kassenärztlichen Vereinigung (KV) erhebt massive Vorwürfe gegen die eigene Standesvertretung. *Unsere Organisation ist nur noch ein Sinnbild*

des gierigen Arztes ... Ich schäme mich für eine Standes-
vertretung, die immer nur nach mehr Geld schreit, damit
sich der Patient dafür Qualität kaufen kann (KV, 2009).

Die Kassenärztliche Bundesvereinigung (KBV) ist die
politische Interessenvertretung der Vertragsärzte und Ver-
tragspsychotherapeuten auf Bundesebene. Als Einrichtung
der ärztlichen Selbstverwaltung in der Gesetzlichen Kran-
kenversicherung ist sie eine Körperschaft des öffentlichen
Rechts (www.kvb.de). Sie sitzt also in der Gesetzlichen
Krankenversicherung (GKV) und hat das Recht, die Ab-
rechnungen ihrer ärztlichen Mitglieder selbst zu prüfen.
Die GKV darf dann nur noch die ausgerechneten Ge-
samtbeträge begleichen. Das ist ein Interessenkonflikt
zum Nachteil der Patienten, der nicht toleriert werden
kann. Die Krankenkassen werden von uns allen bezahlt
und haben deshalb die unbedingte Pflicht, die Kosten
für das Gesundheitswesen entsprechend dem von der
Gemeinschaft festgelegten Standard selbst zu prüfen und
das nicht den Interessenvertretern zu überlassen, die sich
entsprechend selbstsicher gebärden. Im Internet kann
man unter *Skandale Kassenärztliche Vereinigung* nachle-
sen, wie die Mitglieder selbst empört und wütend sind
über die KV und ihren Vorstand. Auf die Frage: »Warum
ist der Vorstand so mächtig?«, erfährt man: »Weil er als
Druckmittel administrative Repressalien gegen die Mitglieder einsetzen kann (Sieber, 2016).

Die sogenannten IGeL (Individuelle **Ge**sundheitsleis-
tungen) sind nicht erstattungsfähige Leistungen, die
der Arzt den Patienten empfiehlt als Ergänzungs- oder
Vorbeugungsmaßnahme. Beispiel: PSA-Test zur Bestim-

mung von Prostatakrebs. Im begründeten Fall erstattet die GKV dem Arzt ein paar Euro. Empfiehlt dieser das jedoch als Vorsorge-IGeL, kann er dafür 80–90 € kassieren. Ähnlich, aber wesentlich lukrativer, sind angebliche Früherkennungstests, die mit der Fehldiagnose Alzheimer den Patienten schockieren und ihn animieren, sich eines der bekannten vier – zurzeit noch völlig unwirksamen, aber sündhaft teuren – Medikamente verschreiben zu lassen (Kutter, 96 ff.).

b) Das Krankenhauswesen

Der gesamte Gesundheitsmarkt ist extrem intransparent und kompliziert. Und gerade wegen der Undurchsichtigkeit, die durchaus von vielen der Beteiligten auch so gewollt ist, gilt Abrechnungsbetrug lediglich als Kavaliersdelikt.

Der Bundesrechnungshof (BRH) hat festgestellt, dass spezielle IT-Programme den Krankenhäusern erlauben, ihre Rechnungen zu optimieren – zum Nachteil der Versicherungen. Als Beispiel führt er an, dass das Vertauschen der Haupt- und Nebendiagnose bei einer schweren Herzerkrankung den zu erstattenden Betrag von 2189 € auf 3040 € hochschnellen lässt (Elger, 32 ff.).

Ähnliche Programme existieren bei den niedergelassenen Ärzten und bieten enorme Möglichkeiten, bei Privatpatienten den Rechnungsbetrag fast kontrollsicher in die Höhe zu treiben.

Es ist also festzuhalten, dass die Interpretationsspielräume existieren und für die Kassen eine hohe Kostenbelastung mit sich bringen. Insider und Branchenexperten halten aber für besonders bedenklich, *dass in deutschen Kliniken die staatlichen Kontrollen und die Vorschriften für internes Risikomanagement im Vergleich zum Ausland zu locker sind* (Henrich, 48 ff.).

Eine weitere Maßnahme ist die Zusammenarbeit mit freien Ärzten. Die Hamburger Morgenpost (31.08.2009) berichtete, dass Krankenhäuser sich die Einweisung eines Patienten, der z. B. eine neue Hüfte bekommt, bis zu 1000 € kosten ließen (Hamburger MoPo, 2009). Die Deutsche Krankenhaus-Gesellschaft bestätigte derartige Transaktionen dergestalt, dass die Ärzte die Krankenhausleitungen unter Druck setzen nach dem Motto *Gibst du mir Geld, bekommst du meinen Patienten* (Dörken, 2009).

Der Vorstand der Patientenschutzorganisation Deutsche Hospiz Stiftung, Eugen Brysch, wies besonders darauf hin, dass die Opfer derartiger Machenschaften in erster Linie die Schwerstkranken und Sterbenden sind. *Leidtragender ist der Patient, der gar nicht mehr gesund werden kann und immer wieder zwischen den Leistungserbringern hin und her geschoben wird.* Sie würden in ihren letzten Lebensmonaten im Schnitt fünfmal zwischen Pflegeheim und Krankenhaus hin und her überwiesen. Jetzt wisse man auch, wie sehr sich das für niedergelassene Ärzte lohnt. Das sei hochgradig verwerflich (Brysch, 2012).

Wenn sich eine derart leichte – nicht juristisch, aber moralisch anfechtbare – Möglichkeit bietet, sich die fehlenden Margen von den Krankenkassen zu holen statt die regionalen Überkapazitäten anzupassen, hat die Berufsethik einen schweren Stand. Folglich bedarf es auch hier wie überall einer – möglichst halbautomatischen – Begrenzung derartiger Abschöpfungsmöglichkeiten.

05) Die Medienverwaltung

Peter Steinkirchner, Redakteur der Wirtschaftswoche, rechnet vor, dass in den Fernseh- und Rundfunkräten der ARD und des ZDF 456 Mitglieder sitzen, die hauptsächlich dargestellt werden von Politikern aus Bund und Ländern, Gewerkschaftlern, Arbeitgebern und Kirchenvertretern. Dazu kontrollieren noch sendereigene Verwaltungsräte und interne Revisionsabteilungen sowie die Rechnungshöfe der Länder (Arnim, Deutschlandakte, 239). Wie bei derartiger Ämterpatronage zu erwarten, besteht die Hauptfunktion der Fernseh- und Rundfunkräte zwar darin, zu kontrollieren, aber weniger die Senderverwaltung selbst, sondern hauptsächlich die Auswahl der Programme in der politisch gewünschten Form.

Der Journalist und Mediendozent Mike Kleiss, der lange sowohl bei der ARD als auch bei den privaten Fernsehanstalten gearbeitet hat, kritisierte, dass die Öffentlich-Rechtlichen ihrem Auftrag nicht gerecht werden. Der öffentlich-rechtliche Bildungsauftrag findet nicht mehr statt (Kleiss, 2011).

Als festgelegt wurde, dass ab 2013 jeder Haushalt ohne Ausnahme die Fernsehgebühren zu bezahlen habe, wurde heftig kritisiert, dass eine nachrichtliche Grundversorgung in Zeiten umfänglicher Medienverfügbarkeit und radikalem Medienbenutzungswandel komplett überholt sei (Fredrich, 2012). Das zeige sich auch am abnehmenden Rückhalt in der Gesellschaft. Unser Rundfunksystem dient nur noch der Ämterpatronage.

Der Politikwissenschaftler Hans-Peter Siebenhaar, profunder Kenner der Branche, fordert in seinem Buch *Die Nimmersatten* als wichtigsten Punkt: *Die Parteien müssen rundfunkpolitisch enteignet werden. Nicht den Politikern, sondern den Bürgern gehören ARD, ZDF und die Deutschlandradios.* Konsequent sollte uns das Recht auf Kosten- und Qualitätskontrolle zustehen. Es könnte zum Beispiel ein von der Hauptversammlung der Gebührenzahler gewählter Aufsichtsrat als Kontrollorgan die Programmauswahl und die Tätigkeiten des Mediensystems in unserem Sinne kontrollieren (Siebenhaar, 218 f.).

Für eine Demokratie ist zu viel Macht von Personen oder Organisationen immer von Übel.

Lobbyisten sind in ihrer Funktion unverzichtbar für eine funktionierende Demokratie. Über sie erfahren die Politiker die Interessen der verschiedenen Gruppen und können sie ausgleichend bewerten und berücksichtigen.

Problematisch wird es allerdings in dem Augenblick, in dem eine Lobby übergewichtig wird. Die Deutsche Telekom als ehemaliges Staatsmonopol versucht weiterhin, ihren Einfluss in Politik und Verwaltung zu behalten. Über hundert ihrer bestens vernetzten Lobbyisten sitzen in allen Verbänden und Arbeitskreisen. Die kleineren Konkurrenten konnten bisher trotz heftiger Proteste nichts ausrichten. Auf diese Weise ist Deutschland im Ausbau des Breitbandinternets auf einen beschämenden 34. Rang zurückgefallen, weil Telekom aus Kosten- und Gewinngründen so lange wie möglich die alten Leitungen nutzen wollte (Stölzel, 26 ff.).

06) Kirchliche Institutionen

Im Gegensatz zu den Kirchen in anderen Ländern sind die Kirchen in Deutschland ungemein vermögend – sie sind die reichsten der Welt. Das Finanzierungsprivileg der Kirchensteuer stellt eine monopolähnliche Sicherheit dar. Die Kirchen bieten nach wie vor ein Einheitsprodukt an, welches den gesellschaftlichen Trend zur Individualität unberücksichtigt lässt. Seit Jahrzehnten sinken deshalb kontinuierlich die Mitgliederzahlen.

Dass es den Kirchenvertretern eher um Geld als um Religion geht, trat ganz deutlich zutage bei dem »Weltbild«-Verlag, der sich im 100%igen Eigentum der deutschen Bischöfe befand. Es war der größte deutsche Buchhändler.

Seit Anfang dieses Jahrhunderts haben engagierte Christen dagegen protestiert, dass die Kirche sich am Vertrieb von Sexbüchern, Magie, Satanismus und Gewaltverherrlichung beteiligt.

Durch die Proteste geriet das Thema nach langen Jahren erfolgreich in die Öffentlichkeit. Seit 30 Jahren ein Flirt mit Geld und Macht, der über die Jahre rund 180 Millionen Euro an Kirchensteuergeldern verschlungen hat (Müller, Bernhard, Weltbild-Verlag). 2014 trennten sich die Diözesen von ihren Aktien.

07) Die freie Wohlfahrtspflege

Es ist den beiden Großkirchen gelungen, einen gesetzlich garantierten Vorrang der freien, gemeinnützigen Wohlfahrtspflege gegenüber der öffentlichen durchzusetzen. Zur Branche zählen unter anderen der Deutsche Caritasverband von katholischer Seite und das Diakonische Werk von Seiten der Evangelischen Kirche. Weit über 70 % der hauptamtlich Beschäftigten arbeiten für Caritas und Diakonie, die zusammen über 80 % des gesamten Jahresumsatzes (2002) der Branche tätigen. Die Sozialholdings der Kirchen haben praktisch allein von der kontinuierlichen Expansion des Wohlfahrtsstaates profitiert als zwei Quasimonopolisten. Sie können heute jährlich mit rund 45 Milliarden an sozialstaatlichen Transferleistungen rechnen (Graf, 112 f.). Die Quasimonopolstellung sei auch erst vor wenigen Jahren in Frage gestellt worden. Die Wohlfahrtsverbände genießen breite

Akzeptanz in der Bevölkerung. Kein Politiker will sich mit ihnen anlegen, weil der kirchliche Einfluss auf die Wähler zu stark ist.

Unter den permanent steigenden Ausgaben für soziale Zwecke leiden besonders die Gemeinden. Sie kritisieren die Kartellstellung der Verbände, die den Behörden die Preise mehr oder weniger diktieren können.

Die Verbände sind alle finanziell vom Staat abhängig. Logischerweise sitzen deshalb Politiker in den Verbänden und ebenfalls in den Kommissionen, die die Preise für die sozialen Leistungen festlegen. Auf Bundesebene werden die Interessen der freien Wohlfahrtsverbände vertreten durch ihre Bundesarbeitsgemeinschaft (BAGFW). Man spricht und verhandelt nur mit einer Stimme, wie die Monopolkommission schon 1998 kritisch feststellte (Enste, 05 f.).

Durch das Pflegeversicherungsgesetz von 1994 wurden private und freigemeinnützige Einrichtungsträger gleichgestellt. Dieser erste Schritt war jedoch eher ein symbolischer Akt. Dirk Meyer, kritischer Beobachter der Wohlfahrtsverbände, forderte deshalb, dass den privaten Trägern die gleichen Chancen eingeräumt werden müssten wie den Öffentlichen, wenn es um Steuervergünstigungen, Subventionen und Spenden gehe. Für staatliche Unterstützung könne das Kriterium nicht Gemeinnützigkeit sein, sondern die Frage, ob die jeweiligen Dienstleistungen sozialen Zwecken dienen. Meyer ist sich aber im Klaren darüber, dass ein echter Wettbewerb erst dann möglich ist, wenn das enge Netzwerk, das sich zwischen Politikern, Beamten, Kassenvertretern und Wohlfahrtsrepräsentanten gebildet hat, neutralisiert werden kann.

Um das zu erreichen, fordert er, dass nicht die Institutionen, sondern die Menschen gefördert werden müssen. Sein Stichwort dazu heißt *Subjektförderung*. Die Idee ist einfach. Die Bedürftigen bekommen den ihnen zustehenden Betrag überwiesen und können sich die Leistung im Rahmen ihres persönlichen Budgets selbst kaufen. Auch wenn nur ein Teil der Bedürftigen in der Lage wäre, dieses Angebot zu nutzen, würde das zementierte Wohlfahrtskartell aufgebrochen und neue Wettbewerber wären zugelassen. Als Folge könnten die Wohlfahrtsverbände um ihre privilegierte Position nur noch mit attraktiveren Angeboten und Preisen kämpfen (Enste, 64 f.).

Die Subjektförderung ist ein wirksamer und marktkonformer Weg, die Haftung für einen optimalen Einsatz der vorgesehenen Mittel und die Entscheidung darüber in eine Hand zu legen – in die Hand des Betroffenen.

08) Wir und unser Eigeninteresse

Statt uns über die Verhaltensweisen unserer Artgenossen aufzuregen, sollten wir uns darüber im Klaren sein, dass nur wir selbst als Mitglieder der Gesellschaft die Weichen stellen können, um Auswüchse und gemeinwohlschädliches Verhalten nach Möglichkeit zu begrenzen. Aber wir werden zu wenig oder falsch informiert, um uns selbst ein Bild machen zu können. Wir haben trotz Internet und Fernsehen zunehmend weniger Gelegenheit, die Argumentation der Parteien zu verfolgen. Also werden wir weiterhin wie seit Jahrzehnten die Partei wählen, die uns das meiste verspricht.

Wir prägen somit die Politiker durch unser Verhalten. Ein Politiker, der ein Sparprogramm verkünden würde, das uns selbst betrifft, hätte bei uns keine Chancen, auch wenn wir den Sinn seines Sparprogramms durchaus für gut befänden. Wir alle spüren, dass mit unserer Gesellschaft irgendetwas nicht in Ordnung ist. Mit der Rentenreform Adenauers in 1957 begann der Trend, uns Bürgern in zunehmendem Maße Selbstbestimmung und Eigenverantwortung abzunehmen und uns an den Versorgungsstaat zu gewöhnen – an eine organisierte Verantwortungslosigkeit. Stefan Baron bringt es auf den Punkt: *In dem Maße, in dem der Versorgungsstaat Selbstbestimmung und Selbstverantwortung verschüttet, in dem Maße schwindet auch die grundgesetzlich geschützte Würde des Menschen (Baron, 5).*

Teil III:
Schlussfolgerungen

Die in den vorigen Kapiteln dargestellten Beispiele haben einige der negativen Auswüchse der permanenten und vielfältigen Zielkonflikte angesprochen. Das ungezügelte, gemeinwohlschädliche Verhalten von Gruppen und Individuen sollte in keinem Fall weiterhin geduldet werden.

Wenn es nicht hingenommen werden kann, muss es geändert werden.

A) Was muss geändert werden, um die diversen Systembrüche zu reparieren?

Die Aufgabe des Staates sollte darin bestehen, die Rahmenordnung für das wirtschaftliche und gesellschaftliche Zusammenleben unserer Gemeinschaft festzulegen. Aus dieser Grundkonzeption und den bereits dargestellten Abweichungen ergeben sich die Problempunkte, an denen angesetzt werden muss, um zu versuchen, die gesellschaftliche Organisation wieder nachhaltig optimal zu gestalten.

01) Arbeit

Hartz-IV-Empfänger bekommen von der Gesellschaft – einschließlich aller Nebenleistungen – genügend Mittel, um das festgelegte Existenzminimum zu erreichen. Im Gegensatz zu einem Arbeitnehmer, der täglich 8 Stunden seinem Arbeitgeber zur Verfügung stellt, kann er über seine freie Zeit weiterhin selbst verfügen und sie für seine Familie oder z. B. für Schwarzarbeit einsetzen. Einer vierköpfigen Familie, bei denen die Mutter zuhause bleibt und der Vater arbeitet, ist schwer zu vermitteln, dass sie finanziell nicht viel besser gestellt ist als eine gleich große Familie, bei der beide Elternteile Hartz IV und alle Zusatzleistungen erhalten und gleichzeitig frei über ihre Zeit verfügen können.

Bei der eventuellen Einführung einer Arbeitspflicht mit entsprechenden Angeboten besteht allerdings erfahrungsgemäß das Risiko von Kollisionen mit dem ersten Arbeitsmarkt. Der Gedanke an ein Grundeinkommen für alle wird unter diesem Aspekt in der Folge näher erläutert.

Unabhängig davon, ob es realistisch ist oder nicht, sei noch auf andere positive Effekte einer Beschäftigungspflicht für Sozialempfänger hingewiesen.

Zum einen wäre die Migrationsproblematik in sprachlicher und soziologischer Beziehung geringer, wenn die Betroffenen täglich in Kontakt sein müssten mit anderen Kollegen. Zum anderen begrüßen Soziologen ebenfalls eine Arbeitstätigkeit, weil auf diese Weise speziell die arbeitslose Jugend weniger den Risiken und Versuchungen eines perspektivarmen *Gammel*-Lebens ausgesetzt wäre.

Ein Arbeitsplatz bedeutet nicht nur finanzielle Sicherheit, sondern Teilnahme an der Gesellschaft. Wer in unserer Gesellschaft arbeitslos wird und bleibt, fühlt sich ausgeschlossen aus der Gesellschaft und stellt enttäuscht fest, dass er offensichtlich nicht mehr gebraucht wird (Lachmann, 2011).

Die heute zu erwartende Bevölkerungsentwicklung lässt den Schluss zu, dass in Bereichen mit hoher Ausbildungsqualität zunehmend Arbeitskräftemangel auftritt, während Erwerbstätige ohne beruflichen Bildungsabschluss zunehmend mehr Probleme haben werden, einen Arbeitsplatz zu bekommen, der ihnen das Mindesteinkommen sichern kann. Das liegt zum einen daran, dass die Ausbildungsanforderungen der zukünftigen Arbeitsplätze zunehmen, andererseits die Zahl der Arbeitssuchenden im unteren Ausbildungssegment ebenfalls zunimmt und zu erwarten ist, dass in Kürze der Anteil der Arbeiten, die von Robotern erledigt werden können, kontinuierlich steigen wird. *»Weiterbildung wird so zu einer Art Versicherung gegen Arbeitslosigkeit«* (Methfessel, 2011, 53).

Zusätzlich wird sich unsere Arbeitswelt verändern. Der Ökonom Hilmar Schneider, Direktor für Arbeitsmarktpolitik am *Forschungsinstitut zur Zukunft der Arbeit (IZA)*, sieht für die Höherqualifizierten eine bunte Arbeitswelt, in welcher eher projektgebunden und in Teams gearbeitet wird statt mit monatlich geregeltem Einkommen bei einzelnen Arbeitgebern.

Roboter werden in zunehmendem Maße Konkurrenten für Handarbeit und Routinetätigkeiten. Sie bekommen keinen Stundenlohn, werden nicht krank oder schwanger, sind billiger als Arbeitskräfte, streiken nicht, arbeiten 24 Stunden und wesentlich präziser als Menschen. Das lässt erwarten, dass mit ihrem Einsatz viele Billigimporte wieder bei uns im Land maschinell gefertigt werden können und somit rotz Roboterfertigung insgesamt auch mehr Arbeitsplätze für Menschen entstehen können.

Zurzeit wird jedem Mitglied unserer Gesellschaft ein Mindest*einkommen* garantiert. Es geht bei dem Zuschuss der Gemeinschaft um Hilfe zur Selbsthilfe, nicht um Gerechtigkeit.

Die Argumentation: *Jeder Arbeiter muss von seiner Arbeit leben können*, kann als Ziel von der Gesellschaft durchaus mitgetragen werden. Der Weg zu diesem Ziel kann jedoch in der derzeitigen und zukünftig zu erwartenden Situation nur über eine höhere Ausbildung erreicht werden. Wer die Qualifikation, die die Wirtschaft benötigt, nicht erreicht, muss die Möglichkeit haben, im Niedriglohnsektor zumindest einen großen Teil seines Lebensunterhalts selbst verdienen zu können (Mallien, 108 f.). Das ist in jedem Fall für alle Beteiligten besser, als ohne Arbeit zu bleiben.

02) Vorsorge und Versorgung

Unsere Politik hängt von der Strategie her stark an dem nachsorgenden Sozialversicherungsstaat. Entsprechende Maßnahmen sind häufig kurzfristig realisierbar und dadurch aus Sicht der Politiker besser zu präsentieren als bei einer langfristigen Vorsorgepolitik.

Nicht der Mangel an Sozialpolitik ist unser zentrales Zukunftsproblem, sondern genau das Gegenteil: Das Anspruchsdenken, welches wir unserem Staat gegenüber entwickeln, weckt in uns nicht mehr die Notwendigkeit, selbst nach einer Lösung für die anstehenden Probleme zu suchen. Gemäß dieser Mentalität wählen wir die Parteien, die uns per Kreditaufnahme die meisten Geschenke versprechen (Baron, 5).

03) Nachwuchs

In der Dreigenerationen-Großfamilie sicherte man früher seine eigene Zukunft durch möglichst viele Kinder. Das Industriezeitalter erschwerte die Kontinuität dieser Form von Großfamilien. Die von Reichskanzler Bismarck 1891 ins Leben gerufene Altersversicherung durch Ansparen zeigte schon bei der ersten Inflation, dass das keine sichere Vorsorgebasis für das Alter sein konnte.

1957 entwickelte Wilfrid Schreiber, Wirtschaftswissenschaftler und Vater der dynamischen Rente, eine neue – bis heute gültige – Konzeption. Sie basiert auf einem Solidarvertrag zwischen den Generationen.

Jeder durchläuft in seinem Leben drei Phasen: Kindheit, Arbeitsphase und das Alter, verdient aber nur in der Arbeitsphase. Es sind zwei Probleme zu lösen. Das Arbeitseinkommen muss optimal umgelegt werden auf die drei Lebensphasen und das Inflationsrisiko für das angesparte Geld muss neutralisiert werden.

Schreibers Generationenvertrag sah vor, dem Arbeitnehmer wegen des Inflationsrisikos nicht Geld für die spätere Rente gutzuschreiben, sondern die für den Ansparbetrag benötigten Arbeitsstunden. Der entsprechende Geldbetrag sollte sofort an die Rentnergeneration zur Auszahlung weitergeleitet werden. Geht der Arbeiter dann Jahrzehnte später in Rente, hat er einen Renten-Anspruch, basierend auf den dann gültigen Stundenlöhnen. Diese liegen wesentlich höher als die seinerzeit von ihm eingezahlten Stundenbeträge. Auf diese Weise passen sich die Renten dynamisch an die jeweiligen Wachstumsbewegungen an.

Gedanklich kann der gesamte Aufwand, den Eltern für ihre Kinder geleistet haben, als ihr Darlehen an die Kinder angesehen werden. Sind die Kinder erwachsen, zahlen sie dieses Darlehen an die dann in der Rentenphase befindlichen Eltern sukzessive zurück.

Schreibers Konzept bedeutet, dass nur derjenige einen Anspruch auf Rentenzahlung haben kann, der durch Finanzierung einer Kinderphase einen Anspruch auf

Darlehensrückzahlung im Alter erworben hat. Hat er kein eigenes oder adoptiertes Kind, kann er den finanziell erforderlichen Beitrag auch leisten, indem der Betrag einer Familie zur Verfügung gestellt wird, die mehr als zwei Kinder zu finanzieren hat.

Die finanziell und sozial sehr unbefriedigende Situation der Familien ist schuld daran, dass unsere Gesellschaft schon seit Jahrzehnten weit davon entfernt ist, sich zu reproduzieren. Das häufig angesprochene Rentendesaster ist jedoch kein Fehler des Schreiber-Konzepts. Wesentliche Schuld liegt bei den Politikern, die das Konzept für ihre eigenen Zwecke eingesetzt und interpretiert haben.

Es war der damalige Bundeskanzler Konrad Adenauer, der 1957 das Grundkonzept dieses Solidarvertrages zwischen den Generationen für seinen Wahlkampf missbrauchte. Er entfernte aus dem Konzept skrupellos und folgenschwer den Passus, dass zur Finanzierung der Kindheitsrente *alle* – somit auch die kinderlosen – erwachsenen Arbeitnehmer verpflichtet seien. Proteste gegen diese Art der bewussten Verfälschung des Konzeptes wischte Adenauer zur Seite mit der Bemerkung: »Kinder kriegen die Leute sowieso.« Ihn interessierte nur, dass eine Kopplung der Renten an die Arbeitseinkommen damals zum sofortigen deutlichen Anstieg der Altersruhegelder führen würde. Adenauer erreichte sein Ziel. Seine Partei erhielt bei der Wahl die absolute Mehrheit.

Seit 60 Jahren leiden deshalb die kinderreichen Familien unter der ungerechten und verfassungswidrigen Lastenverteilung.

Das Bundesverfassungsgericht hielt es 1992 für nicht verfassungsgemäß, dass Mütter, die durch Kindererziehung dazu beigetragen haben, dass später die Rentenkasse gefüllt wird, weniger Rentenanwartschaften erzielen als die, die keine Kinder erziehen (Familienbericht 05,9).

Zu der Tatsache, dass diese Frauen für ihre eigene Rente Nachteile in Kauf genommen hatten, kommen noch die finanziellen Aufwendungen für die Kinder. Mit zwei Einkommen und ohne Kinder ist das Pro-Kopf-Einkommen eines Paares fünfmal so hoch wie mit einem Einkommen und drei Kindern, die von der Mutter aufgezogen werden (Sinn, 2006, 138).

Die Kosten für jedes Kind, die mit 126.000 € beziffert werden, sind für einen normalen Familienhaushalt nur zu bewältigen unter Verzicht auf andere Annehmlichkeiten.

Paul Kirchhof, bekannter Verfassungs- und Steuerrechtler, jahrelang als Bundesverfassungsrichter tätig, empört sich: In einer Zeit, in welcher die Gesellschaft dringend mehr Kinder braucht, ist Betreuung und Erziehung von Kindern sowie die Entfaltung einer Hauskultur die bedeutendste Leistung für unsere Gesellschaft und wichtiger einzustufen als die Herstellung von Autos, Computern oder Smartphones. Aber kein Politiker fühlt sich berufen, gegen diese Diskriminierung der Mütter anzugehen (Kirchhof, 2006, 180 f.).

Wenn hier gerechte Lastenverteilung eingerichtet würde, wären Großfamilien kein Sozialfall und es würde für jedes Individuum ein größerer Anreiz sein, sich selbst aus finanziellen Gründen über ein eigenes oder adoptiertes Kind statistisch zu »reproduzieren«. Dann gäbe es wieder Kinder, und die Alterspyramide würde wieder eine angemessene Form annehmen.

Die Situation des Nachwuchsmangels versucht die Politik seit langem vergeblich mit immer wieder neuen finanziellen »Flickwerk«-Pflastern zu verbessern. Mittlerweile gibt es über 150 verschiedene Familienförderprogramme, in denen nahezu 220 Milliarden Euro direkt oder indirekt an Eltern und Sprösslinge verteilt werden (Lachmann, 2011). Vergebens – der Nachwuchs bleibt aus. Es gelingt nicht, das Problem zu lösen, weil wesentliche Bestandteile des oben geschilderten Problems nicht berücksichtigt werden können.

Kirchhof hält rechtlich für realisierbar, die für Familien ungünstige Verhaltensneigung der Politiker dadurch zu kompensieren, dass man den Eltern bis zur Volljährigkeit der Kinder ein zusätzliches Stimmrecht für jedes Kind gibt, um sicherzustellen, dass die Interessen der nächsten Generation auf diese Weise bei den Politikern etwas mehr Berücksichtigung finden (Kirchhof 2006, 184 f.).

04) Bildung

Nicht nur die Pisa-Studie von 2003, sondern auch ein Bericht der OECD dokumentiert, dass wir unterdurchschnittlich wenig Geld in die Bildung unserer Bevölkerung stecken. Der Wirtschaftsjournalist Klaus Methfessel hat in Untersuchungen festgestellt, dass uns schlichtweg das Humankapital fehlt, welches erforderlich wäre, um unserem Land genügend Innovationen zu bescheren. Seit langem ist die Zahl der Absolventen in Naturwissenschaften und im Ingenieurwesen kontinuierlich rückläufig. Bezogen auf die Einwohnerzahl haben Großbritannien und Frankreich mehr als doppelt so viele Absolventen. Während in Deutschland jährlich 35.000 neue Ingenieure auf den Arbeitsmarkt kommen, sind es in China 400.000 (Methfessel 2007, 03).

Durch die Computerisierung und den Anschluss nahezu aller Länder der Welt ans Internet vergrößert sich das kreative Potential gigantisch. Und es tritt in Konkurrenz zu uns. Unsere Position in der Welt können wir nur dann erhalten, wenn wir unseren derzeitigen Vorsprung in Natur- und Ingenieurwissenschaften vor den erfindungsbegierigen »Newcomern« behalten können – aber darauf sind wir absolut noch nicht vorbereitet (Methfessel 2011, 48 ff.). Schaffen wir das nicht, dann hat unser Land im Rahmen der Weltgeschichte seine fünf Minuten gehabt und wird tendenziell in der Bedeutungslosigkeit versinken oder sukzessive übernommen werden von dynamischeren Kräften anderer Nationen, die hier

Chancen sehen. Das soll keine Schwarzmalerei sein, aber es gehört schon eine gehörige Portion Optimismus dazu, um das Licht am Ende des Tunnels nicht als das eines entgegenrasenden Zuges anzusehen.

05) Kosten- und Schuldenreduktion

Wir wissen um die Schwierigkeiten öffentlicher Verwaltungen, Kosten zu senken und Arbeitsaufwand zu reduzieren. Also ist davon auszugehen, dass der kontinuierlich und rasant steigende Aufwand auch zukünftig nur zu decken sein wird durch immer höhere Einnahmen, die der Staat seinen Bürgern abnimmt.

Tatsache ist, dass derzeit der größte Teil der Belastung von Menschen der mittleren Einkommensschicht getragen wird. Diese Gruppe, die 50–150 % über dem mittleren Einkommen verdient, schrumpft dramatisch. Was wird passieren, wenn die Mittelschicht den weiter steigenden Finanzbedarf des Staates zur Befriedigung der zunehmenden Gruppe der Wenigverdiener nicht mehr leisten kann? Deren Zahl ist mittlerweile so groß, dass keiner, der Wahlen gewinnen will, an ihnen vorbeikommt. Eine von staatlicher Sozialpolitik selbst geschaffene Mehrheit, gegen die niemand mehr regieren kann. In einer Zeit, in welcher Wahlgeschenke die Hauptargumentation der Parteien geworden sind, sind wir in einer aussichtslosen Situation.

Wir haben deshalb zwei Aufgaben, die zukunftsentscheidend sind:

– die zukünftigen Schuldenzuwächse zu vermeiden,
– die bestehenden Schulden zu verringern.

Eine wirksame Verhinderung zukünftiger Schuldenzuwächse hätte den Vorteil, dass die heutige Situation zunächst einmal konserviert würde und sich nicht weiter verschlechterte.

Es gab bis jetzt zwei gute Ansatzpunkte, um die Schuldenaufnahme zu begrenzen. Es handelt sich einmal um den EU-Stabilitätspakt und zum anderen um die schon erwähnte Budget-Schuldenbremse. Es muss nur noch erreicht werden, dass die Schuldenbremse für alle Schulden ohne Ausnahme gilt. Damit hätte ebenfalls der EU-Stabilitätspakt keine Umgehungsmöglichkeiten mehr.

Zur Schuldenbremse gibt es schon einige durchaus sinnvolle Überlegungen von dem Ökonomen Dennis Snower, dem Chef des Instituts für Weltwirtschaft in Kiel. Er respektiert die verfassungsrechtliche Haushaltshoheit, das »Königsrecht« der Parlamente, stellt aber gleichzeitig die Frage, ob das Parlament überhaupt fähig ist, mit Geld in unserem Sinne umzugehen. Das Königsrecht der Parlamentarier betrifft nur das Budget. Er glaubt, dass es sinnvoller ist, die zur Verfügung zu stellende Summe des Budgets von einem politisch unabhängigen Expertengremium unter Abwägung aller Kriterien festlegen zu lassen, da Parlamentarier unfähig seien, das Schuldenproblem in den Griff zu bekommen. Wenn die Grenzen, die normalerweise durch die Einnahmen gegeben seien, nicht beachtet würden, sei ein von außen gesetztes Limit legitim (Evert 2011).

Wenn es gelingen würde, ein solches Gremium zu installieren, könnte das ein Ausgangspunkt sein für das zweite Problem, die bestehenden Schulden. Mithilfe des machtvollen Gremiums könnte es leichter sein, Konzepte zu finden, die nachhaltig die Schuldensituation entspannen können.

Glaubhafte Schätzungen gehen davon aus, dass der Arbeitsaufwand der öffentlichen Verwaltung mindestens um 30–40 % gesenkt werden kann, wenn man die Möglichkeit bekäme, die Tätigkeiten zu analysieren, zu rationalisieren oder, falls möglich, in den Privatbereich zu verlagern. Wenn der Komplex dann noch abgesichert werden könnte durch Haftungselemente für die Verantwortungsträger, könnten derartige Maßnahmen auch das Prädikat »nachhaltig« tragen.

Der Bund der Steuerzahler publiziert jedes Jahr ein Schwarzbuch der Steuerverschwendung der öffentlichen Verwaltungen und beklagt die Verantwortungslosigkeit dieser Institutionen. Er fordert deshalb, dass der existierende Straftatbestand der Amtsuntreue erweitert wird um den Straftatbestand der Haushaltsuntreue.

Begründung: Bei Steuergeld-Hinterziehern verfolgt und bestraft der Staat zu Recht zügig und kompromisslos im Gegensatz zu der Rechtspraxis in Gesetzgebung und Rechtsprechung bei Steuergeldverschwendung. *Der Staat ist es den Steuerzahlern schuldig, deren Geld zu schützen und Haushaltsuntreue in den Reihen der Staatsbediensteten und Amtsträger zu verhindern* (BdSt 2012).

Zumindest sollte man den Rechnungshöfen und anderen Kontrollorganen der Ausgabenseite die gleichen Rechtsmittel zur Verfügung stellen wie den Kollegen von der Einnahmenkontrolle.

Durch die legalen Steuervermeidungsmöglichkeiten geht dem Staat bei den Steuereinnahmen ein Vielfaches mehr verloren als bei den Hinterziehern. Erfahrungsgemäß kann man von folgender Reaktion der Steuersubjekte ausgehen. Je höher ein Steuersatz ist, umso intensiver wird versucht, z. B. von großen Firmen und wohlhabenden Individuen, eine Umgehung zu finden. Erfahrungsgemäß weiß man andererseits, dass ein niedrigerer Steuersatz zu mehr Ehrlichkeit motiviert, nicht nur aus moralischen Gründen, sondern auch, weil es sich weniger lohnt, Steuerschlupflöcher zu finden (Handschuch 2005).

Das bestätigt auch von wissenschaftlicher Seite Paul Kirchhof, der seinerzeit als Finanz- und Abgabenspezialist im Bundesverfassungsgericht unser System und unsere Möglichkeiten aus erster Hand kennengelernt hat. Unter dem Titel *Geistig wieder frei* skizziert er, dass die unteren Einkommensschichten sehr großzügige Freibeträge erhalten sollten, bei denen dann nur die überschießenden Beträge – und auch diese nur in stufenweise ansteigenden Teilbeträgen – besteuert werden sollen bis zu einem Punkt, an dem jeder überschießende Betrag voll mit einem einheitlichen Steuersatz – den er bei 25 % sieht – zu versteuern ist. Bei Wegfall aller Steuerschlupflöcher könnten auf diese Weise von all den Einkünften, die ein Steuersubjekt bei erlaubter Umgehung zu

100 % für sich behalten würde, ein Viertel davon unserer Gemeinschaft für dringende Aufgaben oder zur Schuldenrückzahlung zur Verfügung stehen (Kirchhof 2003, 34 f.).

Der zu erwartende Widerstand gegen derartige Vorschläge wird verstärkt dadurch, dass nicht nur die öffentliche Hand, sondern alle Privilegierten, die die derzeitige Steuergesetzgebung zu ihrem Vorteil auszunutzen verstehen, sich solidarisch auf die Seite der Steuervermeider stellen werden. Und sie stehen alle gegen uns als Gemeinschaft und gegen eine sinnvolle und sparsame Verwaltung unseres Gemeinwesens.

Christian Ramthun, Wirtschaftswissenschaftler und -journalist, kommt in seinen Analysen zu dem Schluss, dass der Kampf gegen die überwuchernde Bürokratie in unseren Köpfen beginnen muss. Und er muss sich von dort auf die Politiker übertragen, die sich realisieren müssen, dass wir das wirklich wollen (Ramthun 2003, 24).

Das ist zweifelsohne richtig. Aber dazu ist, wie wir wissen, mehr Kommunikation und Information erforderlich. Der Beginn dieses Prozesses könnte in der Informationsfreigabe und Öffnung aller Verwaltungsarchive liegen. Wir müssen ein Empfinden dafür entwickeln, was alles falsch gelaufen ist und warum. Gleichzeitig wird man feststellen, dass allein die Tatsache, Entscheidungsfindungen durch Akteneinsicht nachvollziehen zu können, viele dazu bringen wird, mehr Sorgfalt bei der Vorbereitung einer Angelegenheit walten zu lassen.

06) Förderung sozialer Mitverantwortung

Nach den Erfahrungen, die hier vorliegen und die wir alle auf die eine oder andere Weise selbst gemacht haben, müssen wir Folgendes feststellen: Es fehlt das Verantwortungsgefühl, das man sich eigentlich in jeder Gemeinschaft wünscht. Andererseits wissen wir aber auch, dass die Mitglieder einer Gemeinschaft sich gerne von den anderen bestätigt und geschätzt sehen. Um diese Erfahrung intensiver zu ermöglichen, brauchen wir mehr Möglichkeiten zu Kommunikation und Kontakten untereinander.

In einer Zeit, in welcher Politiker und öffentliche Verwaltung uns mehr und mehr mit einem Regelwerk überziehen, werden wir kontaktarm und gleichgültig gegenüber Dritten. Wenn alles geregelt wird, brauchen wir mit unseren Mitbürgern nicht mehr zu kommunizieren. Es kann aber nicht Sinn einer Gemeinschaft sein, sich von seiner Verwaltung bevormunden zu lassen. Jede zusätzliche Verordnung trägt mit dazu bei, Selbstständigkeit und Verantwortungsbewusstsein in uns weiter schrumpfen zu lassen.

Typisch dafür ist unser verkehrstechnischer Regelungsaufwand.

Der § 1.2 der Straßenverkehrsordnung besagt klar, dass jeder Verkehrsteilnehmer sich so zu verhalten hat, dass kein anderer geschädigt, gefährdet oder mehr, als nach den Umständen unvermeidbar, behindert oder belästigt wird. Punkt – aus – fertig. Und so sollte sich unser gesamtes Verhalten gegenüber unserer Gemeinschaft abspielen.

Mehr Miteinander führt zu mehr selbstverantwortlichem Sozialverhalten. Dazu muss man uns aber die Chance geben und nicht alles, was für das Sozialverhalten wichtig sein könnte, durch obrigkeitsverfügte Regulierungen auslöschen.

Warum soll es nicht möglich sein, diesen Gedanken auch in anderen Bereichen umzusetzen? Warum müssen angestellte Unternehmensführer Gehälter und Abfindungen beziehen, die den anderen Mitarbeitern dieser Unternehmen und der öffentlichen Meinung ungerechtfertigt erscheinen? Man sollte darüber nachdenken, ob nicht bis zu einem gewissen Grade die Möglichkeit besteht, der Belegschaft eines Betriebes Einfluss einzuräumen, wenn es um die Prämien- und Bonusregelungen geht. Das wäre ein zusätzliches sinnvolles Betätigungsfeld der Gewerkschaften und Betriebsräte im privaten und öffentlichen Bereich.

Es ist ein weiter Weg wieder zurück zur erlebten Gemeinschaft, die ehrlicher miteinander umgeht. Michael Wiehen, ehemaliger Vorsitzender der Transparency Deutschland e. V., hat sich intensiv mit den Kontrollinstrumentarien der Korruptionsprävention und -bekämpfung in Deutschland befasst. Nach einer ausführlichen Beschreibung der sensibelsten Arbeitsplätze kommt er zu dem Schluss, dass der Kontrolle eigentlich ausreichend viele wirksame Gesetze und Vorschriften zur Verfügung stehen. Das Problem liege jedoch in der Handhabung der Vorschriften durch die mit ihnen befassten Personenkreise, die aus unterschiedlichen Gründen selten Interesse daran zeigten, die Vorschriften in der angewiesenen Härte zur Anwendung kommen zu lassen.

Als Gründe listet er auf (Wiehen19 ff.):

- mangelnde Transparenz der öffentlichen Verwaltung, beruhend auf der Tendenz zur Geheimhaltung aller Verwaltungshandlungen;
- mangelnde interne und externe Kontrollen, oft mit dem Hinweis auf die »Notwendigkeit, einen ‚schlanken' Staat zu haben«;
- gelegentliche Bereitschaft der Verwaltung, Vorschriften großzügig zugunsten von politischen Förderern oder persönlichen Freunden auszulegen;
- mangelnde Bereitschaft der Verwaltung, Sanktionen gegen Bestecher und korrupte Mitarbeiter wirksam anzuwenden;
- gelegentlich eingeschränktes Interesse der Verwaltung an der Aufdeckung von Korruption, weil in manchen Fällen dann das zu fördernde Geschäft für nichtig erklärt würde;
- mangelndes Interesse an Hinweisgebern bzw. mangelnder Schutz derselben.

Eine seiner wichtigsten Forderungen ist, dass Verwaltungshandeln nachvollziehbar und vom Bürger kontrollierbar sein muss. Es ist ein unhaltbarer Zustand, dass die Staatsdiener, die sich von uns bezahlen lassen, uns nicht sagen und zeigen wollen, was sie tun und wie sie es tun.

Es ist deshalb unbedingt erforderlich, durch ein Informationsfreiheitsgesetz die derzeitige Geheimhaltungspflicht der öffentlichen Verwaltungen aufzuheben. Allein die Möglichkeit, Verantwortliche für einzelne Handlungen identifizieren zu können, würde uns schon vor sehr viel Leichtsinn unserer öffentlichen Bediensteten bewahren.

Unsere Gemeinschaft muss vorrangig erreichen, dass jeder, der in der Verwaltung Verantwortung übernimmt, auch in irgendeiner Form zur Verantwortung gezogen werden kann.

So sollten u. a. auch Banker für ihre Empfehlungen und Beratungen eine Mitverantwortung übernehmen. Banken genießen ein großes Vertrauenspotential und haben insofern gegenüber ihren Kunden eine hervorgehobene Verantwortung – die sie aber in der Regel nicht wahrnehmen. Diese Verantwortung muss von der Gesellschaft eingefordert werden, am besten durch reduzierte Provision, dafür aber Teilnahme am Ergebnis der Beratung – zum Schutz des Verbrauchers. Der *Schmerz* für verursachtes Fehlverhalten muss ein ganzes Stück näher an die handelnde Person gebracht werden.

Auch wenn bei den Banken jeder einzelne Fall anders gelagert sein kann, kann man davon ausgehen, dass die meisten Krisen durch falsches Verhalten der Entscheidungsträger verursacht werden. Es ist nicht zu akzeptieren, dass die Gemeinschaft für unsinnige Entscheidungen von Banken in die Pflicht genommen wird. Wenn infolge derartiger Entscheidungen der Staat von Banken

um Hilfe angerufen werden muss, sollte den betreffenden Bankmanagern bewusst sein, dass dann ausnahmslos alle Bonivereinbarungen der letzten zwei Jahre zwar
weiter gültig bleiben, die Beträge aber nicht den Betroffenen ausgezahlt werden, sondern dazu benutzt werden,
den Schaden zu verkleinern. Ebenfalls müssen alle verfügbaren Gewinne der Banken eingesetzt werden zur
Schadensminderung. Letzten Endes haben die Aktionäre
als Eigentümer ihren Aufsichtsrat und den Vorstand gewählt, der ihnen die Probleme eingebrockt hat.

Wo immer wir auch hingucken mögen, für uns Menschen ist der eigene Schmerz das beste Warnsignal, um
uns so zu verhalten, dass der Schmerz nicht eintritt.

Es würde sich ebenfalls anbieten, die Struktur der Me-
dienlandschaft besser den zeitgemäßen Erfordernissen
anzupassen. Wenn sich das Angebot der öffentlich-rechtlichen Sender weiter dem der privaten Sendeanstalten
anpasst, muss das Zwangsgebührenmodell neu überlegt
werden. Es könnte dann durchaus effizienter sein, Programme aller verfügbaren Fernseh- und Rundfunkan-
stalten zu prüfen und zu bewerten und die Gebühren
dann jeweils dahin zu leiten, wo Sendungen dem öffentlichen Interesse dienen. Wir Bürger finanzieren die
öffentlichen Medien und sollten das Recht haben, durch
ein von uns gewähltes Gremium über das Programm
zu entscheiden – unabhängig von all den Gremien, die
lediglich der Ämterpatronage dienen und das freie Infor-
mationsrecht eher blockieren als fördern. Dann würde
auch der Moloch von 51.000 Beschäftigten bei ARD,

ZDF und Deutschlandradio langsam abschmelzen, weil es Geld nur noch gäbe für im öffentlich-rechtlichen Sinne als gut befundene Sendungen. Es hat sich gezeigt, dass öffentlich-rechtliche Anstalten aus bekannten Gründen auf Dauer nicht der Fernsehvielfalt und -qualität gerecht werden können, die wir mit Recht erwarten sollten. Es wird sich aber auch zeigen, dass private Fernsehanstalten in der Lage sind, »gute« Sendungen im Sinne des öffentlich-rechtlichen Auftrags zu machen, ohne sie über Reklame zu finanzieren, wenn sie dafür so viel Geld bekommen, wie die Öffentlich-Rechtlichen für eine derartige Sendung benötigen. Schon die Diskussion über derartige Möglichkeiten würde die Öffentlich-Rechtlichen motivieren, sich nicht mehr allein auf die geruhsame Sicherheit des Zwangsgebührenmodells zu verlassen. Hier könnte etwas mehr Konkurrenz die Effizienz um ein Mehrfaches steigern. Wenn die Idee in der Öffentlichkeit formuliert wird, wird man an dem vehementen Protest der Verantwortlichen ablesen können, wie viel sie zu verlieren haben. Das wiederum lässt dann ahnen, wie viel wir in den letzten Jahren durch die kartellähnlichen Strukturen dieser Organisation schon verloren haben.

Es widerspricht ebenfalls jedem sozialen System, dass diverse Gruppen einer Gemeinschaft die Verantwortung für das, was sie tun, nicht übernehmen wollen. Der Wirtschaftswissenschaftler Ulrich van Suntum fordert deshalb, dass das Haftungsprinzip auch in der Politik an Bedeutung gewinnt. Nirgendwo geht es um größere Summen und weiter reichende Entscheidungen als in der Wirtschaftspolitik. Sie wird aber überwiegend von Politikern verantwortet, die für die Folgen ihrer Entscheidungen nicht wirklich haften. Denn wenn die langfristigen ökonomischen Auswirkungen, etwa der Staatsverschuldung oder der umlagefinanzierten sozialen Sicherungssysteme, sichtbar werden, sind die Verantwortlichen längst nicht mehr im Amt. Man sollte versuchen, im Grundgesetz und den Landesverfassungen Regeln festzulegen, dass bei Bund und Ländern ähnlich den Rechnungshöfen Expertengruppen gebildet werden, deren Zustimmung bei Projekten ab einer gewissen Größe erforderlich ist (Suntum 98 ff.).

Die oben genannten Beispiele sind nur einige von vielen. Sie machen deutlich, dass wir Bürger zurzeit in einer zu schwachen Position sind, um uns gegen die vielen Interessenkonflikte behaupten zu können. Anhängern der Demokratie sind diese Schwachstellen bewusst. Aber sollte man die Demokratie deshalb abschaffen? Für Winston Churchill war sie *die schlechteste aller Regierungsformen außer all den anderen, die von Zeit zu Zeit versucht worden sind.* Aber dann sagte er noch etwas, was auch wir – oder besser: unsere Politiker – endlich beherzigen sollten, nämlich *dass das Volk kontinuierlich mitregieren soll und dass die öffentliche Meinung die Tätigkeiten unserer Minister gestalten, führen und kontrollieren soll. Sie sind unsere Diener, nicht unsere Herren.*

B. Ist ein Systemwechsel unter Berücksichtigung der veränderten Sozialstrukturen eine bessere Option?

Viele Punkte wurden aufgezeigt, die unbedingt einer Änderung bedürfen. Es scheint so, dass bei einigen Themen eine Änderung *de facto* so gut wie ausgeschlossen ist. Und das wiederum ist ziemlich bedrückend, weil damit der Weg in unsere Abhängigkeit vom Staat und in eine zunehmende Eingrenzung der persönlichen Freiheit vorgezeichnet ist.

01) Die alten Sozialstrukturen gibt es nicht mehr

Wir werden weiter von der Politik zugeschüttet werden mit schuldenfinanzierten Geschenken, und die öffentliche Verwaltung wird weiter darum kämpfen, sich auszudehnen.

Man tut alles, um uns selbstverantwortliches Handeln abzunehmen. Das ist gefährlich, denn mittlerweile fängt die Mehrheit der Bevölkerung an, resignierend auf die eigene Initiative zu verzichten. Der Staat und seine Verwaltung heißen uns willkommen. Die jüngste Vergangenheit hat wiederholt eindeutig gezeigt, dass zentral geführte Länder ihr Volk ausnahmslos in katastrophale Zustände geführt haben. Wenn wir das akzeptieren würden, hätten wir aus der Vergangenheit nichts gelernt. Wir müssen deshalb alles tun, um zu verhindern, dass die öffentliche

Hand uns übernimmt und uns in den Verwaltungssozialismus der Gleichheit durch Abhängigkeit führt.

Eingriffe in den freien Markt werden von Gewerkschaften und Staat weiter benutzt, um sozialpolitische Umverteilungen vorzunehmen. Und wir selbst machen es unseren Politikern diesbezüglich leicht. Wir wählen sie, weil jedes Versprechen uns im Unterbewusstsein etwas beruhigt. Zu groß sind die Ängste, die eigene Existenz und den eigenen Lebensplan nicht schaffen zu können. Wir vergessen, dass die heutige desolate Lage zum großen Teil durch die Politik und die Politiker selbst herbeigeführt wurde oder – vorsichtiger ausgedrückt – von ihnen nicht beseitigt werden konnte. Es scheint nicht im Bereich des Möglichen zu liegen, dass dieselben Politiker in ihrer Mehrheit sich etwas anderes einfallen lassen könnten als zusätzliche Schulden.

Unser System der sozialen Sicherheit basiert noch auf den Gegebenheiten von vor über sechs Jahrzehnten. Die demographische Situation mit der abnehmenden Kinderzahl macht in der Rentenversicherung den Generationenvertrag zu Makulatur. Es ist abzusehen, wann der Staat mangels Masse nur noch eine Mindestrente an alle verteilen wird. Mit den regelmäßigen Rentenerhöhungen vor Wahljahren wollen die Politiker Zeit gewinnen, bevor die endgültige Offenbarung ansteht.

Die Veränderung der gesellschaftlichen Prozesse bringt besonders die weiblichen Mitglieder unserer Gesellschaft ins Hintertreffen. Das klassische Familienidyll mit dem berufstätigen Vater und der neben der Familienarbeit evtl. noch als Aushilfe in Teilzeit arbeitenden Mutter ist definitiv Vergangenheit. Die heutige Zeit gehört zunehmend den Singles und den Partnerschaften, die nicht auf Lebenszeit, sondern auf Lebensabschnitte beschränkt werden. Familien sind den Single-Partnerschaften finanziell hoffnungslos unterlegen. Kein Wunder, dass eine derart unsichere Ausgangssituation unstetiger Partnerschaften Frauen zunehmend davon abhält, Kinder zu bekommen, bevor sie sich nicht in einem Beruf etabliert haben. Verständlich auch, wenn man die ungleiche Lastenverteilung zwischen einem Single und einer fünfköpfigen Familie betrachtet. Kein Politiker wird es wagen, die Singles an ihre Verpflichtungen zu erinnern, entweder durch eigenen Nachwuchs oder durch finanzielle Beiträge das Recht auf eigene Altersversorgung zu sichern. Man lässt den Singles auch ohne Erfüllung des Generationenvertrages das Recht auf Rente und gibt zum Ausgleich ein paar Beruhigungsgeschenke an die Familien.

Wenn feststeht, dass die finanziellen Probleme weiter bestehen werden und kontinuierlich zunehmen, dann sinken die Chancen, mehr Geld in die Zukunftsfelder wie Bildung, Gesundheit und Infrastruktur zu leiten. Ohne das jedoch können wir uns aus der Weltspitze verabschieden – wenn das nicht schon längst geschehen ist.

Im heutigen System scheint es keine Lösung zu geben für die Problematik der gefühlten Ungerechtigkeit eines praktizierenden Arbeitnehmers, Ernährer einer fünfköpfigen Familie, wenn ein arbeitsloses Ehepaar mit gleicher Familienstruktur in vielen Fällen über ein ähnliches Netto verfügen kann, ohne Arbeitszeit zur Verfügung stellen zu müssen.

Das Grundeinkommen gibt es heute schon – allerdings bedingt. Es wird gewährt bei nachgewiesener Bedürftigkeit.

02) Neue Konzepte für neue Sozialstrukturen

Die Tatsache neuer Sozialstrukturen und der damit verbundenen Probleme scheint langsam in den Vordergrund des Bewusstseins zu rücken. Nahezu alle Parteien haben angefangen, sich mit der Thematik eines Grundeinkommens zu befassen. Allerdings gehen die Meinungen über das *Wie* noch ziemlich stark auseinander.

a) Das »bedingungslose Grundeinkommen« (BGE)

Die grundsätzliche Einschätzung des Für und Wider ist am besten an dem reinen Modell des »bedingungslosen Grundeinkommens« (BGE) zu betrachten, weil alle anderen Versionen Mischformen darstellen. Es ist insofern bedingungslos, weil es für ausnahmslos alle Einwohner Deutschlands gewährt wird, vom Baby bis zum Greis, unabhängig von der individuellen finanziellen Situation und unabhängig davon, ob jemand arbeiten will oder nicht. Mit dem BGE sollen finanzielle Voraussetzungen geschaffen werden, die man benötigt, um sein Leben frei und ohne jeden Zwang so einzurichten, wie es den eigenen Vorstellungen entspricht.

Ich werde mich im Folgenden auf das Modell des Hamburgischen WeltWirtschafts-Institutes (HWWI) konzentrieren, welches Thomas Straubhaar, Wirtschaftswissenschaftler und Direktor dieses Institutes, mitentwickelt hat (Straubhaar 2007). In der genannten Zusammenstellung des HWWI wird ebenfalls in einem Artikel von Michael Opielka (seinerzeit Professor an der Fachhochschule Jena) das solidarische Bürgereinkommen analysiert.

Bei Straubhaar beginnt die Finanzierung dieses Projektes mit der Umwandlung des Sozialbudgets, welches im Jahr 2005 schon 60 % der gesamten Staatsausgaben ausgemacht hat. Die Zahlen seines Modells basieren auf den statistischen Informationen des Jahresgutachtens des Sachverständigenrates 2006/07. Mittlerweile belaufen sich die jährlichen Zahlungen des Staates im Rahmen des Sozialbudgets auf 888 Mrd. € (2015). Wenn man dieses Geld auf Deutschlands Einwohner (82 Millionen) umlegt, bedeutet diese Zahl, dass jeder von uns theoretisch – bei einer Summe von 10.829 Euro pro Jahr – monatlich 902 Euro erhalten könnte. Das würde den fast vollständigen Verzicht auf Leistungen aus dem Sozialbudget mit sich bringen. Das wären gesetzliche Renten-, Kranken-, Arbeitslosen- und Pflegeversicherung sowie ALG II, Sozialhilfe, Wohn- und Kindergeld.

Gleichzeitig entfiele ein großer Teil der Lohnnebenkosten, da es keine Abgaben an die Sozialversicherungen mehr gäbe. Die Krankenversicherung (einschl. Pflege und Unfall) wird separat behandelt. Sie betrug rechnerisch in 2015 pro Person pro Monat 257 Euro. Wenn dieser Betrag in den monatlichen 902 Euro enthalten wäre, würde sich ein BGE allein aus dem Sozialbudget finanzieren lassen. Anderenfalls könnte der Betrag – je nach politischer Entscheidung – auch zusätzlich gewährt werden.

Die Mindestrente wird ebenfalls abgelöst durch das Grundeinkommen. Erworbene Rentenanwartschaften bleiben bestehen. Der dafür heute schon erforderliche Finanzbedarf bleibt erhalten; er reduziert sich aber kontinuierlich durch Ableben der versicherten Personen.

Das BGE erhalten auch diejenigen, die vermögend oder gut verdienend sind. Sie müssen jedoch oberhalb des Grundeinkommens eine höhere Bruttobesteuerung in Kauf nehmen.

Vorgesehen und Voraussetzung sind weiterhin (Straubhaar 2007: 12 f.):

- Eine umfassende Grundversicherungspflicht für Kranken- und Unfallversicherung. Für die Versicherungen besteht Kontrahierungszwang. Sie können niemanden ablehnen.
- Modifizierung bzw. Abschaffung aller sozialpolitisch motivierten Regelungen des Arbeitsmarktes wie Kündigungsschutz und Flächentarife.
- Löhne und sonstige Abmachungen wie betriebliche

Abfindungsregeln sollten von Betrieb zu Betrieb frei verhandelt werden. Jeder entscheidet selbst in Abwägung seiner Bedürfnisse zwischen Geldbedarf und Freizeitwunsch, zu welchem Lohn er bereit ist, eine Arbeit anzunehmen.

– Vereinfachung des Steuersystems und Abschaffung aller privaten Steuervergünstigungen. Nur das Grundeinkommen bleibt steuerfrei. Jedes zusätzliche Einkommen wird am Ort der Entstehung mit einem einheitlichen Steuersatz belastet.

– Wesentliches Element jeder Berechnung muss auf einem ausgeglichenen Haushalt basieren. Die hemmungslose Schuldenaufnahme der letzten Jahrzehnte muss unterbleiben. Das ist generell eine der wichtigsten Aufgaben einer neuen Regierung, insbesondere dann, wenn sie sich für ein System des bedingungslosen Grundeinkommens entschließt.

Die Finanzierung sollte über Steuern erfolgen.

Da gleichzeitig alle Staatsausgaben einschl. BGE gedeckt sein sollten, ergibt sich der erforderliche Einkommensteuersatz rechnerisch aus den Staatsausgaben, verringert um die Einnahmen aus indirekten Steuern und verringert um die entfallenden Kosten des Sozialbudgets. Bei den von Straubhaar berechneten Varianten ergaben sich teilweise Einkommensteuersätze von 50 % für die Abdeckung aller Staatsausgaben. Je geringer die sonstigen Kosten des Staates sind, umso geringer kann der Steuersatz sein. Die administrative Vereinfachung macht rein rechnerisch umfangreiche Einsparungen bei den Sozialverwaltungen und den Steuerbehörden möglich. Ihre Umsetzung dürfte jedoch nur auf längere Sicht möglich sein, zum Beispiel durch natürliche Abgänge, verbunden mit einem Einstellungsstopp.

Falls die Einkommensteuer zu hoch erscheint, kann man auf die indirekten Steuern ausweichen, wie es in einigen Modellen beschrieben wird. Angesichts derartiger Prozentsätze sollte man nicht vergessen, dass ein Arbeitnehmer heute an Sozialversicherungsbeiträgen im Durchschnitt etwa 35 % des Arbeitgeberbruttos abgeben muss. Dazu kommt noch die Lohnsteuerbelastung von 25–30 %, sodass 55–60 % des Arbeitgeberbruttos seiner Verfügung entzogen werden. Kein Einkommen wird heute mit höheren Abgaben belastet als das der Arbeitnehmer.

Für Straubhaar besteht ein großes Problem darin, dass es mangels empirischer Erfahrungen nicht möglich ist, zuverlässige Vorhersagen für die arbeitsmäßigen Reaktionen der Bevölkerung im Falle eines BGE zu treffen. Er empfiehlt deshalb, eine derart radikale Systemänderung in mehreren Schritten zu vollziehen mit der Möglichkeit von Nachkorrekturen.

An kostensparenden Modifikationen sieht Straubhaar beim BGE die Möglichkeit, Kindern ein niedrigeres Grundeinkommen zu gewähren, da sie in der Regel mit einem oder beiden Elternteilen zusammenleben.

b) Das Konzept des solidarischen Bürgergeldes (Althaus)

Straubhaar selbst sieht in dem Konzept des früheren Ministerpräsidenten von Thüringen, Dieter Althaus, ein Modell, welches eine schrittweise erfolgende Einführung erlauben würde.

Nachfolgend das Konzept in Stichworten, basierend auf den Ausführungen von Michael Opielka und den statistischen Angaben von 2006/07 (Opielka, 91 ff.).

Wer weniger als 1600 € netto verdient, hat bedingungslos Anrecht auf 800 € BGE. Bei jedem selbst verdienten Euro reduziert sich das Bürgergeld um 50 Cent. Wer 400 € zusätzlich verdient, erhält ein um 200 € niedrigeres BGE, hat also netto 1000 € verfügbar. Wer 1600 € verdient, muss sich davon die Hälfte – 800 € – anrechnen lassen. Somit bleiben ihm netto insgesamt 1600 €.

Bei Einkommen über 1600 € monatlich reduziert sich das BGE automatisch auf 400 €. Das zusätzliche Einkommen wird aber nur noch mit 25 % versteuert. Wer also 2000 € verdient, zahlt 500 € an Steuern und hat zusätzlich das BGE von 400 €. Damit beträgt sein Nettoeinkommen 1900 €.

Die *Prämie für Krankenkosten* wird auch hier mit ca. 200 € monatlich angesetzt. Sie enthält Kranken-, Pflege- und Unfallversicherung. Jeder zahlt die gleiche Prämie für die Pflicht-Grundversicherung. Versicherungsprinzip heißt, dass Gesunde die Kranken finanzieren und nicht die Reichen die Armen (Straubhaar, 67). Es gibt für alle Bürger eine Grundversicherungspflicht mit allen medizinisch notwendigen Leistungen. Jeder kann die Versicherung frei wählen. Das dient dem Wettbewerb zwischen den Kassen.

Das *kleine Bürgergeld* von 400 € lässt nach Abzug der Gesundheitskosten 200 € frei und beträgt somit nur ein Drittel des großen Bürgergeldes von 800 €, bei welchem 600 € frei verfügbar bleiben.

Kinder erhalten 500 € und zahlen 25 % Steuer auf eigenes zusätzliches Einkommen.

In begründeten Einzelfällen können nach individueller Bedürftigkeitsprüfung Zuschläge auf das Bürgergeld gewährt werden, zum Beispiel für Alleinerziehende, Behinderte, regionale Wohnkosten, besondere Lebenslagen.

Lebenszeit- und Beitragsprinzip bei der Rentenversicherung kann durch einen lohnsummen-abhängigen Beitrag des Arbeitgebers finanziert werden, was in diesem Modell zu einer Zusatzrente von max. 600 € führen kann. Bereits bestehende Rentenanwartschaften werden bis zum Laufzeitende ebenfalls durch die Lohnsummensteuer finanziert.

Neu zu uns ziehende Ausländer erhalten im ersten Jahr 10 % des BGE und jährlich zunehmend weitere 10 %, so dass sie nach 10 Jahren ebenfalls voll berechtigt sind.

Alle steuerfinanzierten Sozialleistungen (Wohngeld, Kindergeld, BAföG) sind abgedeckt und entfallen.

Instrumente der aktiven Arbeitsmarktpolitik (Minijobs, Ein-Euro-Jobs, Midi-Jobs) entfallen. Maßnahmen zur Stärkung der Erwerbsfähigkeit der Arbeitslosen bleiben möglich.

Alle Einkommensteuervorteile entfallen.

Die real höhere Belastung Besserverdienender verfolgt die Idee, *alle Steuerbürger gleichermaßen in die Umverteilung einzubinden* und dies transparent zu gestalten. Von Abschreibungs- und Steuersparmöglichkeiten können niedrigere Einkommen weniger Gebrauch machen, und sie machen das Steuersystem intransparent.

Das Renteneintrittsalter ist auch bei Althaus frei, allerdings gilt die Zusatzrente für Rentner erst ab 67. Die Rente wird bei Althaus modifiziert, damit das Prinzip *Alterslohn für Lebensleistung* im Rahmen der gesetzlichen Rente nicht völlig aufgegeben wird. Die Spannbreite zwischen hohen und niedrigen Renten verringert sich jedoch im Vergleich zu heutigen Renten erheblich. Andererseits aber bietet das Modell von Althaus den Vorteil, dass die Jugendlichen bessergestellt werden. Ab dem Alter von 67 soll es bis zu 600 € mehr an Zusatzrente geben können, je nach vorherigem Erwerbseinkommen. Bereits erworbene Rentenansprüche werden über eine Rentenzulage gezahlt, die die Ansprüche, die über das Solidarische Bürgergeld und die Zusatzrente hinausgehen, ausgleicht. Das gilt auch für Rentner unter 67. Die Kosten reduzieren sich im Laufe der Jahre auf null. Sowohl die Zusatzrente als auch die Rentenzulage werden durch eine Lohnsummensteuer von zunächst 12 % durch die Arbeitgeber finanziert. Sie kann mit Absinken der Kosten ebenfalls allmählich gesenkt werden, denn langfristig ist nur noch die Zusatzrente hierüber zu finanzieren.

Zur *Finanzierung der Renten* sieht Opielka in den verschiedenen Konzepten drei Ansatzpunkte. Sie kann erfolgen über die Einkommensteuer, Erhöhung der Verbrauchssteuern oder eine Sozialsteuer. Diese Steuer, erhoben von allen Einkünften der Bürger, *garantiert das Existenzminimum und maximal das Doppelte. Wer mehr möchte, muss sich individuell oder gemeinschaftlich absichern, beispielsweise durch betriebliche und überbetriebliche Vereinbarungen* (Opielka, 103). In der Schweiz wurde die Rentenversicherung AHV nach diesem Prinzip eingerichtet und wurde mittlerweile durch elf Volksabstimmungen bestätigt.

In dem Maße, wie die Sozialkosten abgedeckt werden wie oben angedeutet, kann der Einkommensteuersatz entsprechend sinken. Finanzierung über eine Einkommensteuer-Flattax auf alle Einkommensarten bei geschlossenen Steuerschlupflöchern bringt wesentlich mehr Steuern von den Begüterten.

Wenn auch das Arbeitsangebot außer einer generell positiven Tendenz nicht eindeutig vorausgesehen werden kann, kann man auf der Nachfrageseite davon ausgehen, dass bei *sinkenden Lohnnebenkosten* (von 40 % auf 12 %) die Arbeitskosten sinken und somit die Nachfrage nach Arbeit seitens der Unternehmen zunehmen wird.

c) Vorteile und Bedenken

Unser derzeitiges System, welches auf dem Prinzip von Leistung und Gegenleistung basiert, macht sozialpolitisch motivierte Eingriffe in den freien Arbeitsmarkt erforderlich, was eine abnehmende Elastizität am Arbeitsmarkt begünstigt. Damit soll auch den benachteiligten Gruppen die Chance auf soziale Sicherheit durch Erwerbseinkommen ermöglicht werden. Es scheint sich zu bestätigen, dass das heutige Modell der *Existenzsicherung über Erwerbsarbeit* zur alleinigen Existenzsicherung nicht mehr zukunftsfähig ist. Wenn soziale Sicherheit zukunftsfähig gemacht werden soll, muss sie von der Erwerbsarbeit abgekoppelt werden können.

Das Grundeinkommen vermeidet die Notwendigkeit sozialpolitischer Eingriffe in den Arbeitsmarkt. Somit können sich die Löhne oberhalb des BGE völlig frei gestalten. Der Arbeitsmarkt wird wieder zum echten Markt, auf welchem die Arbeitgeber als Nachfrager die niedrigeren Lohnnebenkosten in die Waagschale legen können, während der Arbeitnehmer frei entscheidet, ab welcher Lohnhöhe ihm das zusätzliche Geld mehr Befriedigung gibt als die durch Arbeit verlorene freie Zeit.

Bei diesen Voraussetzungen gibt es *keine unfreiwillige Arbeitslosigkeit mehr.* Im Bereich der Geringqualifizierten wird der Trend zur Arbeitsaufnahme zunehmen, weil im Gegensatz zu heute zusätzliches Arbeitseinkommen nicht mehr angerechnet wird auf das Mindesteinkommen. Im System des BGE kann der Arbeitnehmer den vollen erarbeiteten und versteuerten Betrag für sich behalten (Straubhaar, 43).

Im Bereich der Qualifizierten verbessert sich die Möglichkeit zur Teilzeitarbeit. Eine Auszeit wird nicht mehr als stigmatisierend empfunden, denn sie kann jetzt ohne Existenzsorgen genutzt werden zur Weiterbildung, zur Kindererziehung, zum Versuch eigener Selbstständigkeit oder zur intensiveren Suche nach dem idealen Arbeitsplatz.

Langzeitarbeitslose hätten mehr Möglichkeiten, oberhalb ihres Grundeinkommens am Arbeitsmarkt auch Niedriglohnofferten zu finden und wahrzunehmen, denn Arbeit bedeutet nicht nur Gelderwerb, sondern ist ein wichtiges soziales Element der Kommunikation und des Erlebens.

Die Voraussetzungen für eine *Harmonisierung des Spannungsfeldes zwischen Beruf und Familie* werden deutlich verbessert.

Das BGE-System ist ebenfalls die bessere Alternative, wenn es um den immer *schneller werdenden Strukturwandel* geht, der immer höhere berufliche und räumliche Mobilität erfordert. Permanente Weiterbildung lässt sich wesentlich besser realisieren, wenn die Möglichkeit gegeben ist, sich vorübergehend für Teilzeitarbeit zu entscheiden, ohne um die finanzielle Existenz besorgt sein zu müssen.

Das Grundeinkommen ist unabhängig von Lebens- und Arbeitsbiografien. Es schafft damit auch in Zeiten des Wandels *unbedingte soziale Sicherheit*. Es wird keine

Unterstützung mehr benötigt für jene, die keine Arbeit haben, die vorübergehend oder auch längere Zeit nicht erwerbstätig sind, alleinerziehende Elternteile und Menschen, die Beruf, Wohnsitz oder ihre Lebensabschnittsbegleiter wechseln.

Mit etwas Optimismus ist anzunehmen, dass sich durch die Teilnahme am BGE und der damit verbundenen stabilen Einkommenssituation der Mütter die zu niedrige Geburtenrate wieder erhöht und sich die Nachwuchsproblematik entsprechend entspannt.

Unternehmen mit lohnintensiven Produkten profitieren beim BGE von den stark *reduzierten Lohnnebenkosten*. Das ermöglicht ihnen eher, die Arbeit und Arbeitsplätze in Deutschland zu belassen.

Die meisten der heutigen Sozialtransfers werden durch das Grundeinkommen überflüssig, ebenfalls die mit den Transfers verbundenen Bürokratien. Die *enormen Einsparungsmöglichkeiten bei den Verwaltungskosten* wurden in den Konzepten in der Regel nicht berücksichtigt, da ihre Realisierung von der Durchsetzbarkeit des effektiven Kostenabbaus abhängt.

Die *Abschaffung sämtlicher Steuersparmöglichkeiten* verbreitet die Besteuerungsbasis erheblich, weil kein Einkommen mehr *abwandern* kann.

Das wenig transparente Geflecht von persönlichen Steuern, Freibeträgen und Abgaben wird ersetzt durch eine *Flattax auf alle Einkommen*. Alle Einkünfte aus Arbeit, Zinsen und Dividenden, Miete und Pacht werden vom ersten bis zum letzten Euro an der Quelle erfasst und mit einem einheitlichen und gleich bleibenden Steuersatz belastet.

Grundeinkommen ermöglicht *lebenslanges Lernen* und eine den Neigungen entsprechende Berufswahl.

Der Übergang in die Rentenphase kann gleitend erfolgen. Es gibt keinen Druck, bis 67 zu arbeiten. Jeder kann arbeiten, solange er will und kann. Das Grundeinkommen bleibt ihm immer erhalten.

Grundeinkommen ist Hilfe zur Selbsthilfe in allen Lebenslagen und ohne bürokratische Hürden (Straubhaar, 55 ff.). Es zwingt den Menschen im Gegensatz zu heute nicht zu einer Verhaltensanpassung als Voraussetzung für die Gewährung des Existenzminimums.

Die *gesellschaftlichen Auswirkungen* werden positiv sein. Teilzeitarbeit erleichtert Verbindung von Familie und Beruf. Das und zum Beispiel Pflege der Angehörigen verbessern die gesamtwirtschaftliche Wohlfahrt. Eltern, die sich um ihre Kinder kümmern können, verbessern auch deren Voraussetzungen für eine positive Entwicklung zum Vorteil der Gesellschaft. Insgesamt werden durch das Grundeinkommen nicht nur die Erwerbsarbeit, sondern auch die bisher nicht bezahlten Arbeiten im Dienst der Familie oder der Gemeinschaft aufgewertet, weil es beide Tätigkeiten finanziell honoriert (Straubhaar, 51 ff.).

Grundeinkommen erhöhen die *Bereitschaft, Veränderungen zu akzeptieren* und Wagnisse einzugehen, fördern also Unternehmergeist und Selbstständigkeit. Wer sicher sein kann, dass er bei Misserfolg nicht ins Bodenlose fällt, wird eher und mehr wagen. Er wird in Herausforderungen eher Chancen als Bedrohung sehen.

Das BGE fördert einen *Mentalitätswechsel in der Gesellschaft*, der sowohl die unternehmerische als auch die individuelle persönliche Freiheit stärkt. Alle Bürger können teilnehmen an der Gesellschaft. Niemand wird ausgegrenzt. Jeder kann sich entsprechend seinen Fähigkeiten einbringen (Straubhaar, 56).

Die bisherigen Sozialstrukturen waren nicht in der Lage, das *Nachwuchsproblem* zu beheben. Das BGE bietet hier eine vielversprechende Möglichkeit. Die gesellschaftliche Benachteiligung der Frauen wird abgeschafft. Hausarbeit und Kindererziehung werden bezahlt, die Angst vor unsicheren Lebensabschnittspartnerschaften verliert an Bedeutung, weil die Frau als Mutter finanziell in der Lage ist, ihr Kind allein zu erziehen. Dieses Selbstbewusstsein, verbunden mit der finanziellen Sicherheit auch bei einer größeren Kinderzahl, sollte die bisherigen Hemmnisse abbauen und viele Partnerschaften dazu bewegen, mehr Kinder wieder zum Normalfall zu machen.

Wenn man ein *schrittweise eingeführtes Grundeinkommen* befürwortet, bietet sich die Gruppe der Mütter mit Kindern (MK-Gruppe) als erste an im Rahmen einer wünschenswerten Familienaufwertung. Sie gehört zu den eindeutig Benachteiligten in unserem System. Gleichzeitig könnte man bei dieser Gruppe ziemlich kurzfristig die Auswirkungen auf die Geburtenfreudigkeit feststellen. Wahrscheinlich wäre es auch möglich, Tendenzen zu erkennen, wie sich die Ausgewählten – als Alleinerziehende oder als Teil der Familie – der Möglichkeit bedienen, am Arbeitsmarkt ihre Einkommenslage zu verbessern.

Bei der MK-Gruppe wären auch die Befürchtungen signifikanter Änderungen am Arbeitsmarkt relativ klein. Sie war dort bisher schon aufgrund von Haushalt und Kindererziehung unterrepräsentiert.

Ein BGE-Versuch wäre mit der MK-Gruppe kostenneutral durchzuführen. Wenn man bedenkt, dass die derzeitigen Familienprogramme rund 220 Milliarden Euro verschlingen, ohne die benachteiligte Stellung der Familien in unserer Gesellschaft grundlegend zu verbessern, genügt es, den Einsatz der Mittel zu modifizieren. Statt den Müttern vorzuschreiben, wofür sie Geld oder Vorteile von der Gemeinschaft erhalten, sollte man ihnen die Möglichkeit zu eigenen Entscheidungen wieder zurückgeben, denn sie wissen am besten, wie die verfügbaren Mittel und Möglichkeiten für ihre eigenen Kinder eingesetzt werden sollten.

Folgendes Rechenbeispiel soll zeigen, dass es möglich ist, der MK-Gruppe monatlich ein festes und bedingungsloses Einkommen zur Verfügung zu stellen.

Straubhaar basiert in seinen BGE-Beispielen auf monatlichen Zahlungen von 800 € für Erwachsene und 500 € für Kinder. Die MK-Gruppe setzt sich zusammen aus ca. 8 Millionen Müttern und 13 Millionen Kindern. Die bei diesem Beispiel monatlich zu zahlenden Summen würden 6,4 Milliarden Euro für die Mütter und 6,5 Milliarden Euro für die Kinder ausmachen. Damit könnten so gut wie alle Familienförderprogramme entfallen. Die somit jährlich errechnete Gesamtsumme von rund 155 Milliarden Euro läge weit unter den derzeitigen Familienkosten von 220 Milliarden Euro, die entfallen würden bzw. Raum ließen für politische Überlegungen, wie die Kosten einer Gesundheitsversicherung aufgeteilt werden sollten.

Das Beispiel soll zeigen, dass es kostenmäßig durchaus möglich ist, anhand einer fundamental benachteiligten Gruppe Erfahrungen mit der Auswirkung eines BGE-Programms zu sammeln.

Die Machbarkeit allein ist jedoch nur die Voraussetzung für eine Diskussion. Schwieriger wird sein, ein derartiges Ziel gegen die Widerstände der öffentlichen Hand und der diversen Interessengruppen zu überwinden, die für sich Nachteile aus einer derartigen Entscheidung zu befürchten haben.

Man merkt überall noch die Unsicherheit, sich beim Thema BGE zu positionieren. *Die Gewerkschaft ver.di* hat diesbezüglich schon eine Pirouette hinter sich. Im Jahr 2007 formulierte sie auf ihrem Bundeskongress als Begründung für den Antrag auf Diskussion zum Thema Grundeinkommen wie folgt: *Wenn wir davon ausgehen, dass wir keine Vollbeschäftigung mehr erreichen, brauchen wir ein gesellschaftliches Gegenmodell. Wir leben in einer Zeit, in der der Wert eines Menschen an seiner Arbeit gemessen wird. Bisher machen auch die Gewerkschaften Vollbeschäftigung zum Maßstab ihrer Politik (…). Wenn wir wollen, dass alle Menschen unabhängig von bezahlter Erwerbsarbeit ein sozial gesichertes Leben in Würde führen können, müssten traditionelle Vorstellungen der Arbeiterbewegung aufgegeben werden. Eine Dienstleistungsgewerkschaft müsste es schaffen, sich von einer auf Industriearbeit fixierten Vorstellung von Arbeit zu emanzipieren und ein eigenes Verständnis von Arbeit zu entwickeln.*

Und dann wird angesichts der nicht zufrieden stellenden Arbeitslosigkeit deklariert:

Das Grundeinkommen als bedingungslose Grundabsicherung ließe jeder Bürgerin/jedem Bürger die Freiheit, keiner Lohnarbeit nachzugehen.

Der Wunsch nach einem Mehr an Konsum, dem Bedürfnis nach Anerkennung durch Entlohnung, die Freude an der Arbeit und der durch sie möglichen sozialen Interaktion würde jedoch dazu führen, dass die Mehrzahl der Bürgerinnen und Bürger weiterhin erwerbstätig wäre. In einem Arbeitsmarkt ohne Lohnsubventionen oder Arbeitszwang hätten zudem bisher billig entlohnte, aber für die Gesellschaft wichtige Tätigkeiten, etwa im sozialen Bereich, einen echten Marktwert – ansonsten würden sie nicht ausgeführt.

Es folgt noch als weitere Begründung: *Frauen würden ganz besonders profitieren. Schließlich ist der zeitliche Umfang der Arbeits-Leistungen im Haushalt und im Ehrenamt, die nicht bezahlt werden, größer als das Zeitvolumen der bezahlten Arbeit im Beruf (Quelle: Statistisches Bundesamt, Wo bleibt die Zeit, 2003)* (ver.di 2007, Antrag B100).

Bei aller vordergründigen Euphorie darf man eines nicht vergessen: Das Geld, das der Staat gibt, muss er vorher einnehmen. Wer also davon ausgeht, dass das *BGE durch die Einkommensteuer finanziert* wird, muss sich darauf verlassen können, dass die BGE-Empfänger trotz der Gratiszuwendungen weiter gewillt sind, durch Arbeit mehr zu verdienen und auf diese Weise dem Staat weiter zu Steuereinnahmen zu verhelfen. Auch wenn durch Robotereinsatz ein großer Teil der Arbeitsplätze aus den Niedriglohnländern wieder zurückgeholt werden kann ins Inland, so verbleibt der überwiegende Teil der zusätzlichen Arbeitsplätze bei den Robotern. Diese werden in Kürze auch sehr viel anspruchsvollere Tätigkeiten übernehmen können. Je größer ihr Anteil wird, umso mehr Arbeitnehmer können sich nicht mehr von Arbeit ernähren. Folglich bekommen sie ihr Grundeinkommen vom Staat, fallen aber als Steuerzahler aus. Dann bleibt als Konsequenz, dass der Staat die Robotertätigkeit und/ oder deren Eigentümer besteuert. Spätestens dann wird die Diskussion um das BGE in eine ernsthafte Phase eintreten.

Ein erhebliches *Risiko ist zusätzlich gegeben durch die permanente Staatsverschuldung.* Wenn nicht gleichzeitig zur Einführung des BGE die Möglichkeiten zur weiteren Staatsverschuldung drastisch eingeschränkt werden können, hat das BGE keinen Bestand. Schließlich kann man nicht zulassen, dass die kommenden Generationen unser heutiges schuldenfinanziertes Grundeinkommen zurückzahlen müssten.

Vielleicht ist das BGE noch nicht der Stein der Weisen, aber es würde einem Verrat an unserer Zukunft gleichkommen, in unserer verfahrenen sozioökonomischen Situation nicht überall nach ihm zu suchen.

C. Wie kommt das Gemeinwohl wieder ins Bewusstsein der Politiker?

Aus allen vorstehend aufgelisteten Mängeln, Verhaltensweisen und Erfordernissen lässt sich ableiten, dass eine Änderung der heutigen politischen Konzeption voraussetzt, dass wir als Gemeinschaft das so wollen. Und erst, wenn wir das deutlich formulieren können, haben wir Chancen, dass die Politiker sich mit einer derartigen Willenserklärung – ob sie wollen oder nicht – auseinandersetzen müssen. Der Erfolg wäre, dass sich auf diese Weise sowohl bei uns als auch bei den Politikern die Erkenntnis durchsetzt, die Churchill in der schon zitierten Rede seinen politischen Kollegen bewusst gemacht hat, als er kommentierte, dass das Volk selbst kontinuierlich mitregieren solle. *Minister sind nicht unsere Herren, sie sind unsere Diener.*

Es bleibt damit bei uns, diesen Anspruch einzufordern, wenn wir wollen, dass der Dialog zwischen allen Beteiligten dazu führen soll, einen Weg aus dem Dilemma des heutigen Problembündels zu finden. Die Frage nach der Lösung der Probleme und damit dem Schutz unseres

Gemeinwohls muss erneut und intensiv in den Mittelpunkt des allgemeinen Bewusstseins befördert werden.

01) Ein Protest ist schwer zu präzisieren

In einer wichtigen Phase der Ost-West-Entspannung wurde Michail Gorbatschow das Zitat zugeschrieben: *»Die Welt muss sich ändern! Wir sind die Welt!«* Wenn er es auch selbst nicht so griffig formuliert hat, zieht sich dieser Gedanke durch viele seiner Reden.

Mit »Wir sind das Volk!« hat sich die Bevölkerung der DDR die Einigkeit und Courage geholt, um sich gegen die eigene Regierung zu stellen und vorenthaltene Menschenrechte zurückzuerobern.

Mit der außerparlamentarischen Opposition in den 1960er-Jahren wurde darauf reagiert, dass der ersten Großen Koalition mit ihrer Zweidrittelmehrheit im Bundestag keine ernsthafte Opposition entgegenstand. Daraus entwickelte sich – ausgehend von den Hochschulen – eine außerparlamentarische Opposition, die APO (Wikipedia: APO).

Wäre eine derartige Bewegung heute denkbar? Im Prinzip ja. Man denke nur an das Unbehagen, das uns alle überkommt, wenn wir an die Unsummen von Schulden denken, die der Staat uns aufgebürdet hat und mit Griechenland- und Euro-Rettungsaktivitäten weiter vergrößern wird. Genauso wenig passt uns das Energiedilemma, das uns die Regierenden selbst eingebrockt haben. Aber wogegen soll man auf der Straße demonstrieren? Die APO hatte noch ein konkretes Thema. Sie befürchtete, dass die von den Westalliierten als Bedingung für die Übergabe der vollständigen Souveränität an die Bundesregierung geforderte Notstandsverfassung von den Politikern zu einem Ermächtigungsgesetz umformuliert würde.

Heute erfährt man von der Politik nicht viel. Es gibt kaum offene parlamentarische Diskussionen, nahezu das gesamte Parlament hat die Schulden mit abgesegnet. Die Gewerkschaften predigen mit Eifer, dass aus konjunkturellen Gründen viel mehr Schulden aufgebaut werden müssen. Die Zeitungen schreiben von den Riesenverlusten bei der Rückkehr zur DM oder wenn Griechenland aus der Euro-Gemeinschaft ausschiede. Sie verschweigen, dass die Verluste so oder so schon existieren und täglich weiterwachsen und dass es unsere Schulden sind, die Schulden eines jeden Einzelnen von uns. Die Regierung verbietet jede weitere Diskussion mit der Parole *alternativlos!*

Die Unkenntnis über die genaue Problematik ist zu groß. Die Bevölkerung steht hilflos und hofft – wenn auch mit Zweifeln –, dass die Politiker alles schon irgendwie in den Griff bekommen werden. Ein Protest lässt sich also nur dann präzisieren, wenn es gelingt, die Unzufriedenheit der Bürger zu aktivieren. indem man ihnen vor Augen führt, wie denkbar unwürdig wir als Gemeinschaft von allen Kräften, die an der folgenschweren Triade von Machtgier, Habgier und Korruption beteiligt sind, behandelt werden.

02) Mehr direkte Demokratie ist wichtig, aber niemand lässt uns

Richard von Weizsäcker hatte in seiner Zeit als Präsident der Bundesrepublik Deutschland (1984–1994) und auch danach den Parteien Machtversessenheit vorgeworfen und ein vernichtendes Urteil über ihre Tätigkeit gefällt. Sie hätten ihren grundgesetzlichen Auftrag, an der politischen Willensbildung mitzuwirken, in einer Form ausgeweitet, die nur mit Machtversessenheit zu erklären sei. Alle gesellschaftlichen Institutionen seien von den Parteien unterwandert, die Besetzung der Funktionen erfolge streng nach dem Parteienproporz, sogar die öffentlich-rechtlichen Medien und die Staatsverwaltung selbst würden verwaltet von Funktionären, die nach parteistrategischen Gesichtspunkten ausgewählt seien. Eine stärkere Beteiligung des Volkes lehnten die Parteien ab. Die Führungen der Parteien seien bestrebt, überall bestimmenden Einfluss auszuüben. Von Weizsäcker wirft den Parteien vor, nicht nur machtversessen, sondern gleichermaßen machtvergessen zu sein, weil sie ihren inhaltlichen und politischen Führungsaufgaben nicht nachkämen. Ihre Utopie sei der Status quo, ein Leben auf Kosten der Zukunft, um sich die Gegenwart zu erleichtern. Außerdem hätten sie die Kontrolle der Exekutive durch das Parlament außer Kraft gesetzt. Weiter warf er den Parteien vor, bei Personalfragen bevorzugt den Typ des parteiabhängigen Berufspolitikers auszuwählen, der weder Fachmann noch Dilettant sei, sondern ein Generalist mit dem Spezialwissen, wie man den politischen Gegner bekämpfe, und er stellte fest, die Parteien insgesamt hätten sich *»zu einem ungeschriebenen sechsten Verfassungsorgan entwickelt, das auf die anderen fünf Verfassungsorgane einen immer weitergehenden, zum Teil völlig beherrschenden Einfluss«* nehme (Vogel 1992). Dabei hat Art. 21 unserer Verfassung eindeutig festgelegt: *Die Parteien wirken bei der politischen Willensbildung des Volkes mit. Ihre Gründung ist frei. Ihre innere Ordnung muss demokratischen Grundsätzen entsprechen.* Der nach von Weizsäcker folgende Bundespräsident Roman Herzog (1994–1999) weitete diese Kritik aus und empfahl mehr direkte Demokratie. Politik sei in hohem Maße ein Insiderspiel, bei dem die Bürger weitgehend vom Mitspielen ausgeschlossen blieben (Michels 2009). Es fehle die Balance zwischen Parteienmacht einerseits und Bürgermacht andererseits. Das sei nicht mehr in Ordnung.

Der Verfassungsrechtler Hans Herbert von Arnim hat in seinem Buch »Die Deutschlandakte« aufgezeigt, dass es möglich ist, den politischen Willen der Bevölkerung auch gegen den Widerstand der politischen Klasse durchzusetzen. Anfang der Neunziger Jahre gab es in Hessen einen Volksentscheid, bei dem sich 82 % der Abstimmenden dafür aussprachen, die Direktwahl der Bürgermeister und Oberbürgermeister einzuführen. Die imponierende Höhe der Zustimmung hat die anderen Länder motiviert, es den Hessen gleichzutun.

Die politische Klasse weiß, dass direkte Demokratie das wichtigste Gegengewicht gegen den Machtmissbrauch der politischen Klasse ist. Das hat auch auf Bundesebene zu etwas Bewegung geführt, nachdem sich 80 % der Befragten als Antwort auf das sinkende Vertrauen in die politische Klasse Volksbegehren und Volksentscheide auf Bundesebene gewünscht hatten. Dem Wunsch wurde in einer großen Verfassungskommission von Bundestag und Bundesrat zwar entsprochen, aber man hatte sich vorher darauf geeinigt, Beschlüsse nur mit Zweidrittelmehrheit zu treffen, was de facto einer Blockade dieser Möglichkeiten bürgerlicher Einwirkung gleichkam (Arnim, Deutschlandakte, 76).

Es erscheint unerlässlich, dass wir als Gemeinschaft uns das Recht zurückerobern müssen, jeden Politiker einzeln selbst wählen zu können und die Auswahl und Entscheidung nicht den Parteiführern zu überlassen. Das ist die wichtigste Voraussetzung, wenn wir wollen, dass die Volksvertreter nicht nur Befehlsempfänger im Dienst ihrer Partei sind, sondern im eigenen Interesse darauf hören, was die Gemeinschaft von ihnen wünscht. Ein lediglich von der Parteispitze ins Parlament geschickter Abgeordneter ist nichts anderes als ein Angestellter, der so lange geduldet wird, solange er in erster Linie die Interessen der Parteispitze unterstützt. Nur das kann ihm garantieren, dass er seinen bequemen und lukrativen Status über einen längeren Zeitraum behalten kann. Für ihn sind Meinung und Interesse des Volkes nachrangig. Von den derzeit 630 Bundestagsabgeordneten stammen allein 149 aus dem öffentlichen Dienst (Gradl 2013). Sie sind zum überwiegenden Teil von den Parteispitzen ins

Parlament berufen und machen es fast unmöglich, Einsparungen bei Aufgaben und Ausgaben der öffentlichen Verwaltung durchsetzen zu können. Rechnet man noch die Abgeordneten dazu, die es als Interessenvertreter ins Parlament geschafft haben, dann bleibt nur noch wenig Raum für Volksvertreter, die ihrem Gewissen treu bleiben können.

Angesichts der Schwierigkeit, ein neues Wahlsystem einzuführen, sollte man zumindest mit Hilfe der Öffentlichkeit versuchen zu erreichen, dass die in den Wahlkreisen von uns gewählten Abgeordneten – und möglichst nur die – befugt sind, über die Besetzung der übrigen Parlamentssitze, die ihrer Partei zustehen, zu entscheiden – am besten in geheimer Wahl. Die Lösung wäre nicht perfekt, aber um vieles näher an der Bestimmung des Grundgesetzes, dass der Volksvertreter nur seinem Gewissen gegenüber verantwortlich ist.

Um zu verhindern, dass die Parteien weiterhin ihre eigenen Favoriten ins Parlament schicken können, sollten Fachleute ebenfalls über eine Konstruktion nachdenken, gemäß welcher die Bürger im Vorfeld einzelnen Kandidaten mit einem Plus oder Minus ihre Beurteilung zukommen lassen. Ein Kandidat muss eine bestimmte Anzahl von Zustimmungselementen erreicht haben, um von den Parteien ins Parlament entsendet oder überhaupt bei einer Wahl als Kandidat aufgestellt zu werden. Das wäre schon ein deutlicher Schritt, die Meinung der Bürger mehr zu respektieren. Und wir Bürger würden auf diese Weise konkreter informiert, was die einzelnen Kandidaten zu machen versprechen. Die Zustimmungsabgabe kann per Internet oder z. B. bei Wahlveranstaltungen erfolgen. Vielleicht wäre auch denkbar, jedem Wahlberechtigten mehrere Zustimmungsvergaben zu erlauben. Das würde ebenfalls erlauben, dass jede Familie pro Kind eine gewisse Anzahl von zusätzlichen Stimmen pro Kind erhält, um auf diese Weise den Familien mehr Gewicht zu verleihen, wenn es um die Beseitigung ihrer sozialen Benachteiligung geht.

03) Auf welchen Ansatzpunkten kann man aufbauen?

Der Journalist und Leiter des Politikressorts bei Spiegel Online, Claus Christian Malzahn, macht in seinem Artikel *Deutschland braucht ein Oberhaus der Weisen* den Vorschlag, dieses *Oberhaus*, das nach seiner Meinung längst in der politischen Parallelwelt von Zeitungen, Zeitschriften und Talkshows existiert und in der Regel die besten der Elder Statesmen beiderlei Geschlechts präsentiert, nach demokratischen Regeln zu legitimieren. Die Betroffenen *liefern lebenskluge Ansichten, die man zwar nicht immer teilen muss, die vom taktischen politischen Geschäft aber kaum belastet sind. Diese Alten verbindet ein Credo: Es geht ihnen nicht in erster Linie ums Rechthaben, sondern ums Besserwerden* (Malzahn 2011). Das Medieninteresse an diesen Personen zeigt, dass unsere Gemeinschaft gern die Analysen, Ratschläge und Bemerkungen der Alten anhört.

Wenn man sich vor Augen hält, wie signifikant die Funktions- und Handlungsfähigkeit des einzelnen Abgeordneten in den letzten Jahren abgenommen hat zugunsten der oft einsamen Entscheidungen der jeweiligen Parteispitzen, würde wahrscheinlich auch ein derartiges Oberhaus, solange es ohne Vetorecht und politische Entscheidungskompetenz bleibt, nicht viel erreichen können. Es wäre jedoch durchaus zu überlegen, ob ein derartiges Oberhaus nicht gemeinsam mit dem von Dennis Snower vorgeschlagenen Expertengremium zwecks Festlegung der Budgetbegrenzung eine sinnvolle Rolle spielen könnte. Das gäbe in jedem Fall Öffentlichkeit und mehr Sicherheit für richtige Entscheidungen – besonders, wenn es um den Schuldenabbau geht.

Es gibt einige Erkenntnisse, die uns vielleicht bei der Suche nach dem richtigen Weg behilflich sein können.

Wir wissen zum Beispiel, dass Politiker das Risiko scheuen und deshalb ein neues Thema erst dann anfassen, wenn sie sicher sein können, dass es in der Bevölkerung auf Zustimmung stößt. Man denke an die Bewegung der »Grünen«, die aufgrund der Sympathiebekundungen durch die Gesellschaft alle anderen Parteien dazu bewogen hat, sich ebenfalls intensiv mit den »grünen« Themen zu befassen. Und dann machten alle energisch mit und zeigten sich plötzlich grüner als die Grünen, um deren Vorsprung zu neutralisieren. Diese

Bereitschaft des »Mitmachens« bei den Politikern ist ein Faktum, das uns helfen könnte.

Politiker setzen sich gern für unsere Ideen ein, aber sie tun es erst dann, wenn sie wissen, welche Ideen für uns wichtig und somit für sie selbst gewinnbringend sind. Wir brauchen deshalb eine Organisation oder Gruppierung, die als Sprecher unserer Gemeinschaft auftritt und unsere unterschiedlichen Vorstellungen von Gemeinwohl auf einen Nenner bringt. Der Nenner besteht darin, dass alles unterstützt wird, was der Gemeinschaft nützt, und alles abgelehnt wird, was ihr schadet oder schaden könnte. Es könnte eine Art Greenpeace des Gemeinwohls sein. Dabei geht es in erster Linie um Überprüfung und Information, also um Transparenz. In gleichem Maße sollte unserer Gemeinschaft bewusst gemacht werden, auf welche Weise und durch wen in unserer heutigen Situation dem Gemeinwohl deutlich Schaden zugefügt wird.

Der Programmgrundsatz »Schutz des Gemeinwohls« soll wie ein Filter funktionieren. Dass es dabei zu Meinungsverschiedenheiten kommen kann, ist selbstverständlich, sogar erwünscht, weil jede Diskussion um das Gemeinwohl dieses wieder ins allgemeine Bewusstsein zurückruft. Die Partei soll alles, was nicht zum Vorteil des Gemeinwohls ist, herausfiltern und die Öffentlichkeit, also uns, darüber informieren. Wenn wir Wähler dabei feststellen, dass es gelungen ist, Missstände abzustellen oder Versuche von Lobbyisten aufzudecken und abzublocken, werden wir uns als Gemeinschaft gebührend über die Aufdeckung der Einzelfälle freuen und würden begrüßen, wenn durch die neue politische Gruppierung noch mehr Erfolge erreicht werden könnten.

Um Politik zu machen, genügt es aber nicht, ein Programm zu haben, sondern man muss auch über die Macht verfügen, es durchzusetzen. In einer Demokratie bedeutet das, dass man darauf angewiesen ist, von den Wählern ein entsprechendes Mandat zu erhalten. Viele kleine Organisationen und Parteien, die den Schwerpunkt auf ein besonderes Thema legen, haben festgestellt, dass es zu wenig Wähler gibt, die bereit sind, ihre Stimme wegen eines Themas zu vergeben.

Die 5-%-Klausel macht es neuen Parteien schwer. Aber sie existiert. Also gibt es nur ein Ziel: Man muss genügend Wähler finden, die bereit sind, bei der *Neuen* ihr Kreuz zu machen.

Bezogen auf unsere Situation, bei der sich alle Parteien in der Mitte getroffen haben und Wahlgeschenke verteilen, muss die *Neue* dem potenziellen Wähler anhand einfacher und plausibler Sachverhalte zeigen, womit er eigentlich nicht einverstanden sein könnte, wenn er richtig informiert wäre. Und man informiert ihn, was man dagegen tun sollte.

Wenn den Wählern durch die Unmenge von Beispielen bewusst wird, wie die politische Klasse mittlerweile jedes Kontrollorgan unterwandert hat und wie wir als Gemeinschaft schlichtweg von der politischen Willensbildung ausgeschlossen worden sind, werden sie eher bereit sein, die Wahlgeschenke der Parteien in einem anderen Licht zu sehen, besonders wenn man ihnen Konzepte aufzeigen kann, wie die Situation für die Bürger verbessert werden könnte.

Im Internet finden sich Dutzende von Initiativen und Parteien, die Volksentscheide, Bürgerbeteiligung, direkte Demokratie und ähnlich formulierte Ansatzpunkte engagiert durchzusetzen wünschen. Jede für sich, die der Gemeinschaft nützt und die Bürgerrechte stärken will, ist zu begrüßen und zu unterstützen. Aber jede für sich ist in der Anfangsphase auch zu klein, die parlamentarischen Hürden allein überwinden und eine politische Rolle spielen zu können.

Es liegt deshalb nahe zu überlegen, ob es nicht für die Beteiligten sinnvoll ist, den ersten Schritt – Versuch zur Herstellung der verfassungsmäßigen Machtverteilung und ihrer Kontrolle – gemeinsam zu fordern im Rahmen eines Interessenbündnisses. Die Summe der Mitglieder und Sympathisanten aller dem Startbündnis beitretenden Gruppierungen würde eine vielfach größere Effizienz bei der Überzeugung potenzieller Wähler bewirken. Jeder Partei bleibt es dabei freigestellt, ihre besonderen Anliegen weiter zu vertreten, aber mit dem Hinweis darauf, dass zunächst das Parteibündnis für »Ordnung« sorgen soll, um dem Wähler seine verlorengegangenen Befugnisse zurückzugeben.

Ein Parteienbündnis wäre auch geeignet, im Internet offene Listen der vorgeschlagenen Wahlkandidaten aufzustellen, in welchen diese sich vorstellen können. Potenzielle Wähler sollten dabei die Möglichkeit bekommen, zum Beispiel zehn Kandidaten ankreuzen zu können. Diejenigen, die die meisten Stimmen erhalten, bekommen einen Platz auf der jeweiligen offiziellen Wahlliste. Somit ist sichergestellt, dass die Wahlliste öffentlich ist und nur die Kandidaten enthält, denen die meisten der Vorwähler zugestimmt haben. Das gibt dann gleichzeitig den Kandidaten selbst die Erfahrung, inwieweit ihr individuelles Parteiprogramm beim Publikum ankommt. Abstimmen kann jeder, der sich registrieren lässt (um Doppelabstimmungen zu vermeiden). Kinder können eventuell ebenfalls bei der Vorabstimmung mitmachen. Das hebt das Interesse an der Aktion und kommt gleichzeitig der politisch benachteiligten Gruppe der Familien entgegen.

Die anderen Parteien werden derartige Vorwahlen nicht bieten können, weil sie nicht gern auf den Vorteil der eigenen Auswahl der Kandidaten verzichten wollen. In den Medien lässt sich deshalb diese Offenheit und Transparenz sehr vorteilhaft vermitteln als Dokumentation, dass man es wirklich ernst meint mit seinem Programm.

Es versteht sich von selbst, dass eine derartige Parteigruppierung nicht alle Weisheit für sich in Anspruch nehmen kann und dass diese Partei auch von Menschen geführt würde, deren eigene Ambitionen ein Hindernis sein könnten. Aber so – wie jede andere Partei auch – wird sie gemessen daran, was sie bei der Wahl versprochen hat, nämlich das Gemeinwohl zu verteidigen und zu fördern. Sie ist dazu da, mitzuhelfen, alle politischen Aktivitäten in eine möglichst gemeinwohlförderliche Form zu bringen. Macht sie ihre Arbeit gut, dann sichert das ihre Wiederwahl. Es wird also von entscheidender Bedeutung sein, ob es gelingt, uns als Gesellschaft über alles zu informieren, was für die Beurteilung einer Situation oder Maßnahme von Bedeutung ist.

Dazu wird unerlässlich sein, einen Internetauftritt vorzubereiten, der jedem Internetlaien die Möglichkeit gibt, sich über jedes Thema zu informieren und zu jedem Thema seine Fragen zu stellen. Neben dem TV-Talkshow-Format sollte das die wichtigste Quelle für Information und Austausch mit den Bürgern und Interessenten sein.

Wer das Gemeinwohl vertritt, braucht keine Wahlgeschenke zu machen. Er muss nur seine Arbeit so verrichten, dass er glaubwürdig ist und dass die Gemeinschaft weiß, warum er was tut. Selbst wenn es nicht zu einer Regierungsbeteiligung kommt, kann die Partei als Opposition ihren Standpunkt den Wählern vermitteln und plausibel machen. Denn in der Opposition lässt sich sogar noch viel deutlicher dokumentieren, dass man grundsätzlich mit allen Parteien zusammenarbeiten kann, wenn man sich auf den gemeinsamen Nenner *Schutz des Gemeinwohls* einigt.

Für uns als Bürger ist aber das Wichtigste, dass die Politik wieder anfangen würde, sich mit dem Volk zu beschäftigen, und dadurch alle Politiker motivieren würde, sich in die gleiche Richtung zu bewegen. Die Diskussion wird in erster Linie uns als Wähler informieren und in uns das Bewusstsein für den Wert des Gemeinwohls erst wieder wecken. Dann sehen wir Wähler auch wieder den Unterschied zwischen den Parteien und können uns dezidierter festlegen auf die Ziele, die man verfolgt haben will. Die neue Partei verstärkt also das Wissen sowohl um die Zusammenhänge des Gemeinwohls als auch um die Risiken, denen es permanent ausgesetzt ist, und bekommt die Interpretation durch die Diskussion von und mit allen Parteien.

Gleichermaßen gehört in das Programm, den »Wahlschwindel« mit den Wahllisten zu beenden und uns Wählern das Recht zurückzuerobern, jeden einzelnen Politiker selbst zu wählen und ihn nicht durch die Parteien ohne unser Zutun aufstellen zu lassen, ohne uns zu sagen, wen sie warum auf ihre Wahllisten gesetzt haben. Wozu wählen wir, wenn wir niemanden abwählen können und zudem nicht wissen, wem wir in der Wahllisten-Blackbox unsere Stimme gegeben haben? Parteien wählen ihre Abgeordneten nach Gesichtspunkten aus, die mehr den Interessen der Parteiführung dienen und nicht dem, wie gut er seiner Verpflichtung gewachsen ist, uns als Volk zu vertreten.

Die *Neuen* wären auch die Einzigen, die vehement mit gemeinwohlbegründeten Argumenten gegen die Schuldenpolitik der Regierung angehen könnten. Sie müssten keiner Gruppierung etwas versprechen, da sie sich ausschließlich der ganzen Gemeinschaft verpflichtet fühlten.

Positionierung gegen die Schuldenpolitik bedingt ebenfalls Positionierung gegen die unerwünschte Privilegierung der Politiker und der öffentlichen Verwaltung.

Es ist anzunehmen, dass die neue Partei akzeptieren kann, dass der Abgeordnete in letzter Konsequenz seinem Gewissen gegenüber verantwortlich ist. Das Gemeinwohl ist zu vielfältig, als dass Maßnahmen hinsichtlich ihres Nutzens immer eindeutig zuzuordnen wären. Unsere Verfassung verpflichtet die Parteien, Gewissensentscheide zu respektieren, damit auch abweichende Meinungen ihr Gewicht behalten.

Ohne Zweifel wäre es von strategisch nicht zu unterschätzender Bedeutung, wenn diese neue Organisation ein möglichst breit gestreutes Gründerpaneel aufweisen könnte, damit von Anfang an Klarheit herrscht, dass es sich hier nicht um den Ableger einer der existierenden Parteien handelt, sondern um eine neue Konzeption.

Es wäre an dieser Stelle zu weit vorgegriffen, sich in den Einzelheiten der Ausführung zu verlieren oder programmatische Feststellungen zu machen. Schließlich handelt es sich bei der Vision zur Gründung einer neuen Partei oder eines Bündnisses lediglich um eine Idee, die sich entwickelt hat aus der Erkenntnis der gemeinwohlschädigenden Verhaltensweisen und Strukturen, die wir uns heute von allen Seiten bieten lassen müssen.

Um einen Versuch zu wagen, genügen schon die Feststellungen, die sich wie folgt zusammenfassen lassen und auf welchen die Strategie einer neuen Partei aufbauen kann:

1. Wähler wollen in erster Linie Beseitigung ihrer Unzufriedenheit und nicht unbedingt ein neues Programm.

2. Politiker sind machtabhängig. Sie preschen deshalb in normalen Zeiten nie vor, um ihre Position nicht zu riskieren, suchen aber die zügige Anpassung, wenn sie erkannt haben, dass die Gesellschaft sich plötzlich für etwas interessiert. – Wenn das Stichwort »Schutz des Gemeinwohls« Gesprächsthema in der Gesellschaft wird, wird jeder Politiker medienwirksam auf seine Art damit werben. Auf diese Weise bringt man Politiker und Gemeinwohlinteresse in dasselbe Boot.

3. Die Anfeindung der anderen Parteien gegen das Konzept der neuen Partei wird intensiv sein, weil alle sich als gemeinwohlgesinnt präsentieren wollen. Daraus entwickeln sich drei positive »automatische« Effekte:

   a) Die anderen Parteien werden anfangen – so war es mit der Reaktion auf die Grünen –, dem Thema wesentlich mehr Aufmerksamkeit zu widmen, um den Anschluss nicht zu verlieren.

   b) Die Gemeinwohlpolitiker der neuen Partei müssen sich anstrengen, weil die anderen Parteien laufend versuchen werden, ihnen nachzuweisen, dass das, wofür sie stehen, dem Gemeinwohl nicht oder nur wenig nützt.

c) Der wichtigste Effekt ist aber, dass durch die intensiven Diskussionen die Bevölkerung wach wird und begreift, dass es bei der Politik tatsächlich in erster Linie um das Wohl gehen sollte, aber nicht um das Wohl der politischen Klasse, sondern um das Wohl der Gemeinschaft – also um unser eigenes Wohl.

Zum Schluss

Wir müssen damit leben, dass wir als Menschen nicht perfekt sind. Die genannten Beispiele sollten uns das bewusst machen. Die Macht hat sich von uns, dem Souverän, entfernt, oder genauer: Man hat sie uns abgenommen. An allen Punkten, bei denen wir anfangen wollen, etwas von unseren Rechten wieder zurückzubekommen, stoßen wir auf massiven Widerstand der Gruppen, die dadurch etwas abgeben müssten und sich dann – berechtigt oder nicht – im Nachteil fühlten.

Wenn wir wirklich glauben, etwas anstoßen oder verändern zu können, sollten wir bei der Wahl der Richter zu den Verfassungsgerichten ansetzen. Sie hätten – wenn ohne Einfluss der Parteien gewählt - die Möglichkeit, verfassungswidrige Machtanmaßungen und Einflussnahmen wieder einzuschränken und damit der Bevölkerung bewusst zu machen, wie weit sich unser Staat von verfassungsgemäßem Verhalten entfernt hat. Wenn diese Situation erreicht werden könnte, gäbe es neue Chancen für neue Politiker mit neuen Ideen und einer Politik der Vernunft und der Volksvertretung. Aber der Weg ist lang. Hoffen wir, dass die Europa- und Weltpolitik uns die Zeit dazu noch geben.

Benutzte Literatur

Tacke, Klaus H. (2013), Gemeinwohl in schwerer See, Norderstedt
Tacke, Klaus H. (2014) Gemeinwohl-Ökonomie, Norderstedt

Darüber hinaus:

Adenauer, Patrick, in: WiWo Nr. 34 vom 17.08.2009, S. 30

Angenendt, Arnold, (2007), Toleranz und Gewalt, Münster

Arnim, von, Hans-Herbert (2009), Die Deutschlandakte, München

Arnim, von, Hans-Herbert (2009), Volksparteien ohne Volk, Bielefeld

arztwiki, 2010, http://www.arztwiki.de/wiki/
Abrechnungsbetrug#bei_.C3.84rzten

Baader, Roland (2007), Geld, Gold und Gottspieler, Gräfelding

Baron, Stefan, Reform-Stillstand im Lande – Traurig und wütend, in:
WiWo 36/2006, S. 5

BdSt, http://www.steuerzahler.de/files/41470/ Verschwendung_
ahnden_Broschuere_web.pdf

Dörken, Volker, in: Der Westen, Das Portal der WAZ-Mediengruppe,
01.09.2009

Elger, Katrin u. a., in: Der Spiegel 29/2010, S. 32 ff., http://www.
spiegel.de/spiegel/a-707280.html

Enste, Dominik H.: http://www.iwkoeln.de/de/studien/iw-analysen/
beitrag/62560

Etzold, Kamp in WiWo 30/2017, S. 30 f.

Evert, Hans, in: Welt Online vom 18.11.2011, http://www.welt.de/
kultur/article13724226

Familienbericht 05/1994, S. 18 f., https://www.bmfsfj.de/blob/79026/
1e0fd896b0c144d5f6396b8829591391/familiebericht-data.pdf

Familienbericht 07/2006, www.bmfsfj.de/bmfsfj/service/
publikationen/ 7--familienbericht/95634, S. 245

Feld, Lars: James M. Buchanan, in: Frankfurter Allgemeine
Sonntagszeitung 02/2013, S. 26

Fischer, Malte: Milton Friedman, der Polarisierer, in WiWo 41
/10.10.2011, S. 50 ff.

Fredrich, Silke, in: WiWo Online 18.10.2012, http://www.wiwo.
de/7265590-all.html

Gabler, http://wirtschaftslexikon.gabler.de/Archiv/13092/-v8.html

Gradl, Benedikt, Diese Berufsgruppen vertreten das deutsche Volk, 06.10.2013 https://www.welt.de/politik/deutschland/article120658549

Graf, Friedrich Wilhelm, Interviewer Dieter Schnaas, in: WiWo 16/2011, S. 112 ff.

Haerder, Max, Elektroautos, in: WiWo 20/14.05.2012, S. 10

Handschuch, Konrad, Finanzpolitik, 2005, in: WiWo http://www.wiwo.de/politik/4954208.html

Henrich, Anke, Fehler im System, in: WiWo 11/12.03.2012, S. 32 ff.

Hetzer, Wolfgang, 2011, Interviewer Lachmann, Günther http://www.welt.de/finanzen/article13407540

Hüther, Michael, in: «ACADEMIA"Nr. 06, 2011, S. 19

Kirchhof, Paul, 2010, »Bewahrt den Euro«, Interviewer Handschuch, Konrad, u. a., WiWo29/2010, S. 24

Kirchhof, Paul, 2003, »Geistig wieder frei«, Interviewer Afhüppe, Sven, u. a., in: WiWo 40/2003, S. 34 f.

Kirchhof, Paul, 2006, Das Gesetz der Hydra, 2006, München, S. 180 f.

Kutter, Susanne, u. a., Krankes System, in WiWo 40/28.09.2009, S. 96 ff.

KV, Ich schäme mich, 2009, n-tv.de, http://www.shortnews.de/qid/67069

Losse, Bert, u. a., Mitbestimmung, in: WiWo vom 11.09.2009

Mallien, Jan, in: WiWo Global 1/12.09.2011, S. 108 f.

Malzahn, Claus Christian, 2011, https://www.welt.de/debatte/kommentare/article13783480.html

Methfessel, Klaus, 2007, in: WiWo Nr. 15/2007, S. 3

Methfessel, Klaus, 2011, in: WiWo Global 1/2011, S. 53

Metzger, Oswald, Die verlogene Gesellschaft, 2009, Reinbek

Meyer-Odewald, Jens, 2007, http://www.abendblatt.de/ratgeber/wissen/article447999

Michels, Reinhold, in: RP-online, 2009 http://www.rp-online.de/1.2300412

Miegel, Meinhard, in: ACADEMIA, 06/2006, S. 346 f.

Müller, Bernhard, Weltbild-Verlag – Katholische Kirche macht mit Pornos ein Vermögen, in: Welt Online vom 25.10.2011 http://www.welt.de/vermischtes/article13679586

NPE, (03. Bericht), 2012, S. 4, http://nationale-plattform-elektromobilitaet.de

Ohoven, Mario, Basel III – Die Regulierung versagt, Financial Times Deutschland, 11.10.2011

Potthoff, Bernd, in: »ACADEMIA« Nr. 05, 2010, S. 305

Prämienkritik, 2009, http://www.mopo.de/news/
gesundheit,5066732,5307432.html

Raffelhüschen, Bernd, 2016, https://www.welt.de/wirtschaft/
article157171883.html

Ramthun, Christian, in: WiWo 38/2003, S. 24

Rehborn, Martin, Der demokratische Rechtsstaat, in: ACADEMIA
01/2012, S. 42

Reich, Franziska, u. a. (2004), http://www.stern.de/politik/
deutschland/3067286.html

Ridderstrale, Jonas, u. a. (2000), Funky Business, dt. Ausgabe
Financial Times, Prentice Hall, S. 66

Schirrmacher, Frank, Der griechische Weg, FAZ-Feuilleton,
01.11.2011

Schlandt, Jakob, 2010, http://www.fr-online.de/1473634,4757782.
html

Schreiber, Wilfrid: in: BKU e. V., Nachdruck Nr. 28, http://www.bku.
de/index.php?ka=5&ska=92

Siebenhaar, Hans-Peter: Die Nimmersatten, 2012, Köln

Sieber, Ursel, u. a., alter Link entfernt, neuer Link: http://www.rbb-
online.de/politik/beitrag/2016/10/kassenaerztliche-vereinigung-
berlin-wahl-.html

Sinn, Hans-Werner, 2006, Einmalige Party, in: WiWo 35/2006, S. 138

Steinkirchner, Peter, ARD/ZDF – Finstere Kanäle, in: WiWo
04/2013, S. 6 f.

Stölzel, Thomas, Lobbyismus, in: WiWo 21/2012, S. 26 ff.

Straubhaar, Thomas, u. a., 2007, http://www.hwwi.org/fileadmin/
hwwi/Leistungen_/Gutachten/Grundeinkommen-Studie.pdf

Suntum, Ulrich van, Ordnung muss sein, in: WiWo Global, 1/2011,
S. 98 f.

ver.di.de: 2007, Antrag Nr. B100, entfernt,neuer Link siehe ver.di.de
2011

ver.di.de: 2011 www.grundeinkommen.de/26/09/2011/verdi-
bundeskongress-2011-rueckschritt-und-erfolge-fuer-das-
grundeinkommen.html/print/

ver.di.de Netzwerk Grundeinkommen, Diskussionsforum https://
www.grundeinkommen.de

Vogel, Hans-Jochen,1992, http://www.zeit.de/1992/29/ wo-bleibt-das-
prinzip-verantwortung/komplettansicht

Wiehen, Michael H., 2001, in: Politik und Zeitgeschichte, Band
32–33, 2001, S. 19 ff.